最后下班的人先离职

威廉 著

中国致公出版社
China Zhigong Press

作者序

本书最初的书名构想其实是《失败感言》。

工作就像抓周,你可以凭着自由意志选择想要的人生、遇见哪些人、接触什么样的价值观,工作甚至可以左右一个人说话的方式,也可以让人离开家庭跟学校的保护并决定自己最终会成为什么模样。

回顾职场第一个十年,想起的都是失败的例子。被误会、被陷害、被孤立、被辞退、被人当面拍着桌子说:"我会让你在业界无法生存!"每次的失败都是一通暴打,曾经哭过也怨怼过,但我需要收入,没资格绝望。有一份工作才能生活,这家公司不要我,我就再找别家。纵使鼻青脸肿，仍要低着头遮住伤疤，擦干嘴角的血，在电梯门开启之前提醒自己，待会儿进办公室要抬头挺胸。

数不清有多少次，我把几个银行户头的余额凑在一起，才能取出几百块撑过月底。发薪日的第二天，交完房租，缴清电话费、杂费跟学贷，取回修理好的摩托车，突然想起上次聚餐的钱还没给，户头只剩几千块，却还有二十九天要过。被现实奴役着过日子的无力感至今依然清晰，仅靠着几天的小快乐、小满足来掩饰人生的辛苦。

每当日子过得困顿，我总会想起进入职场的第一天，对主管说："我想当业界最年轻的总编辑。"口气傻得可爱。我靠着想象终点一路撑过来，在职场吃尽苦头，野心收敛到只想把饭碗捧得安稳一些，梦想始终在远方。

成功遥不可及，生存就在咫尺之间，不合时宜的体面和尊严必须抛掉。一直辛苦下去不是办法；总是被压着打，肯定是我不够强。与其吃招、中招，何不主动从失败教训中找出解决的方法？鸡汤式的安慰无济于事，我想听到的是如何才能不再受伤，哪怕是一个热辣辣的耳光将我扇醒也好。

平庸的人才会花时间抱怨；不甘平凡的人碰到问题，只会急着找方法解决，相信想找书来看的人不会是前者。我一路走来，自负也莽撞，在职场上狂到覆水难收，最后换来满身隐隐作痛的伤疤。多亏写了这本书，这是一次重新诠释过去经验的机会。多少次深夜敲着键盘回顾往事，当时不识相成性的我，若能遇到一个愿意提点我的前辈，或许结就不会被打死，多年后梳理起来也就不会如此痛苦。

感谢我的父亲、母亲，如同社会上多数的劳动者，用自己的人生来撑起别人的人生，至今仍不敢从工作岗位上退下。为了证明苦日子没有白过，我走上社会的第一个十年，决定留下一本职场书，书中满满当当的善意提醒是我想给大家的回馈。

最后，谢谢每段工作都经常加班，一个人半夜锁公司大门；没过多久便黯然交出门禁卡，抱着纸箱走进电梯的自己。不管自愿或非自愿离开,都没有想过放弃,才有了这本《最后下班的人先离职》。五十四则职场故事,写给同样努力也遭受过挫折的你。要是能从别人犯过的错误中,读到有帮助的内容,哪怕是一段文字、一句话,那么当时哭丧着脸的我,也就值得了。

愿所有怀抱理想的职场人,都能在书中找到火光照亮前方,不必独自忍受黑暗;路再险,都能坚持良善与正直往前走。让流泪哼唱《憨人》的自己留在昨日,怀念但不留恋。

威廉(曾世丰)

CONTENTS

Chapter 1
找对工作得靠智慧

不咬着牙入职场走一遭，就很难得到"贱人抗体" *002*

话别说太满，适当的拙劣反而是好事 *006*

把握机会固然重要，但没准备好可别急着上台 *010*

选大公司还是小公司，看你欠缺的是专业能力还是掌控力 *015*

多礼不如懂分寸，有些事情做足反而会有反作用 *020*

把烂工作做好就是你的本事 *024*

工作头几年，"钱多"不是好事 *028*

与其想未来，不如想明天该达成哪些目标 *032*

职位很可能只是骗局，工作条件务必眼见为凭 *037*

未来的主管挑你，你也要挑他 *042*

Chapter 2
新人的生存哲学

不问会死,不懂装懂肯定出局　*048*

同样是新人,为何她就可以准时下班　*053*

找到职场偶像,并保持良好互动　*058*

人情不等于交情,好心肠也请量力而行　*062*

关键时刻,"猪队友"比敌人还恐怖　*066*

工作上的朋友,请离职后再深交　*071*

太快地独当一面,意味着即将进入停滞期　*075*

直觉有时候会出错,小心化友为敌　*079*

刷存在感有技巧,适时出手才不易被淘汰　*083*

不擅长的事达标就好,排斥等于壮大对它的心魔　*088*

过度依赖热情,就是逃避现实　*092*

让资深同事告诉你公司的生存之道　*097*

Chapter 3
工作不厌世的求生指南

努力是应该的，别总是拿它来说事 *104*

专注是把无形剑，能够帮你铲除眼中钉 *109*

上司与部属如婆媳关系，处不来对自己有百害而无一利 *113*

别轻忽承诺，别人的时间更是时间 *117*

释放善意，让每个人都喜欢与你共事 *121*

与其据理力争，不如让事情发生 *125*

谁对谁错不重要，能解决问题才是赢家 *129*

得过一种怪病叫"事情没做完就想请假" *134*

平庸的人，只挑有把握的事做 *138*

要想说服老板用新方法，得先熟悉旧方法 *143*

想往上爬，就尽量挑复杂的事情做 *147*

今天的实习生，难保明天得靠他赏口饭吃 *152*

人际关系虽然必要，但个人能力才是谋生技能 *157*

别在办公室宣泄负面情绪，否则情绪化的标签永远都撕不掉 *162*

Chapter 4
说再见也要说得漂亮

最该感谢的,是当初包容自己犯错的主管 *168*

清空座位时,请务必连心一起清空 *173*

职业倦怠并非不治之症 *178*

选错工作只不过像迷路,别因风景陌生而心慌 *182*

没有成长唯有耗损,就表示该离开了 *186*

想要升迁加薪,千万别拿离职来威胁 *191*

离职一旦浮出水面,请力求全身而退 *196*

心存感激才能好聚好散 *201*

酝酿比"生涯规划"更好的离职原因 *205*

Chapter 5
接下来的你要往哪走？

让眼前这份工作成为最稳固的跳板 *212*

劳力比例太大的工作不换也罢 *216*

未必时候到了就当得了主管 *220*

简历的厚度并不迷人，精致度才是重点 *224*

资历不够，太早吃回头草会被噎死 *228*

兴趣是转行时的一条活路 *232*

空降部队也有试用期，别一到新环境就宣战 *237*

碰上挖角，请先停、看、听 *241*

别轻易答应跟朋友合伙 *246*

Chapter 1

找对工作
　得靠智慧

面试时记得别把话说得太满，任何回答都请不要背离现实，保留缓冲空间。要知道，得到工作并非就此成功，真正的挑战是从第一天上班开始。

不咬着牙入职场走一遭，
就很难得到"贱人抗体"

　　最近跟广告圈的朋友聊天，身边不乏以打零工维生的创意工作者，踏出校园第一步，就选择做自己的老板，拒绝进入职场。"究竟要到公司上班追求稳定的生活，还是靠才华混口饭，做个无拘无束的自由工作者？"这几乎是我在生活中被反复问到的问题，最常出自工作不到三年的新人。

　　通常我会分两方面回答：一是从实际方面来谈人脉资源和工作经验积累，二是从人性黑暗面来谈人际关系处理能力。发问者多少有着反社会的愤青特质，不喜欢世俗规范。我建议他们先入职场晃一圈，再谈喜不喜欢，至少在三十岁前，有大把青春和体力尝试，先熟悉体制才有资格革命；还没努力过就断然拒绝，这种行为叫作"逃避现实"。

> **不功利、不现实是个人选择，**
> **但个性良善的你不能不学着认清现实。**

你猜想我会像一般的励志书那样来褒扬唯有进入职场，才能获得成功？其实不是。成功与否并非生存的必要条件，我想谈的是"贱人抗体"。全世界最恶毒的人通常会在两种场合滋生：一是情场，二是职场。虽不至于免疫，但唯有通过实战，才能获得经验以防止感染。更重要的是，可以学到如何在一场又一场如同八点档的烂戏里全身而退。

入行头几年，我遇到过一件刻骨铭心的麻烦事，就是跟某位自认为是朋友的同事抱怨工作。我在对话框里，除了发泄苦闷，还顺口骂了当时的同事城府深、暗地里耍手段，说种种充满心机的行为，拉帮结派的恶势力，让我觉得上班是一种折磨。

午餐时间结束后，我拿着一杯手摇饮料回到座位，才不到一个小时，已是风云突变。所有主管桌上都放着一张A4纸，包括老板，上面就是我刚刚的聊天记录，赤裸裸地没有一丝修饰。我愣在那里足足有两分钟，当下心想："死定了，这次被阴惨了。"接着另一波情绪来袭，被背叛的阴影立刻吞噬了我所有的自信，让我变得极度焦虑。

职场上挨的这一闷棍很痛，直到现在我还记忆犹新。

故事的结局当然是我黯然离开。这件事对我影响很深，导致之后在职场上对他人产生了严重的不信任感，下一份工作刻意封闭自己，筑起一道高墙，不想跟任何人往来，只管做好分内的工作。一直没说出口，是因为不想重温可怕的回忆，事隔几个月跟朋友说起离职经过，都还心有余悸。拖了好久，某一回拗不过同事的央求，同意出游聚餐，酒水一下肚我全面失守，才卸下防卫心理娓娓道来。

几位同事这才告诉我，其实他们早就听说过我这段经历，甚至还听到前公司的同事传过一些对我的负面评价。只是在面试过程中，以及一起工作的这段时间里，他们丝毫没有感受到我传闻中的恶劣个性。今天听完，除了想让我释放压力，更想以过来人的立场当面给我一些意见。

从道德层面来说，**不该对外批评自己的公司，甚至指**

名道姓地骂人，这是工作上的基本操守。就算再生气，对方的行为再过分，都要想办法自我排遣，同事或同行中的任何一个都要避免。 人与人之间传话就够可怕了，更何况还可能存在有心人专门针对你。小人难免，对不相干的人开口抱怨，不是勇敢直言，而是头脑简单。局势变成敌暗我明，怎么想都是不利。

将近十年过去，回头谈起这件事，我不认为是自己当初太单纯，没有防人之心，只怪自己误把天真当成良善，才会挨这顿闷棍。**聪明才智是天生，能让人赢在起跑线上；但缺乏智慧，会让你在最后一刻满盘皆输，失去全部。** 精神打击远比失去物质来得有杀伤力，与其正义感泛滥，不如磨炼能早早看透、妥善应对的能力。

> **职场求生法则**
>
> 职场不等于整个人生，不过，能在这一站获得"贱人抗体"，弥足珍贵。就算抵抗不了，也能明白对方在玩什么把戏。面对险恶状况能够全身而退，是只有走一遭职场才能获得的智慧，以后到哪儿都受用。

话别说太满，
适当的拙劣反而是好事

"面试时到底应该据实以告，还是要学着技巧性灌水，想办法先得到眼前的工作再说？"会特地来请教的，通常骨子里是个老实人，只是在竞争工作时吃过亏，看不惯擅长用话术包装实力的对手抢走了自己最想要的工作，心生怨怼才想尝试投机。

我相信会看职场文章的人，绝不想走偏门。看多了快进快出的实例，就算让他们抢到饭碗，通常过不了多久就会被打回原形，仓皇离去。

任何与陌生人的会谈，纵使再有把握的事也要学习收敛。**尤其在华人职场里，谦虚仍然有用。通常把话说得很满，回答问题总是信誓旦旦的求职者，会激发面试官的过度期待，这未必是好事。**那么，在面试的时候，到底应该把话说几分满才对？

不背离现实，保留缓冲空间。你要知道，得到工作并非就此成功，真正的挑战是从第一天上班开始。前同事向我打听一位编辑，彼此算有交情，所以就单刀直入地问："威廉，我很想用他，但他的作品都是共同挂名，专业能力令人质疑；然而提到主编所需的技能、条件，口气却胸有成竹。"

"我跟他部门不同，没有直接共过事，要评断能力不太客观，不过他在上家公司挂的职位蛮高的，或许可以问些执行方面的问题，探探虚实。"最后，这位编辑还是被录用了，直到某次在工作场合碰到他的主管，也就是当时向我打听的业界好友，他告诉我："他终于自己离职了。"

表情很像是被政客骗走选票，终于熬到对方任期结束那般释然。

前同事是个明事理的主管，没费唇舌细数他工作上的不是，只是淡淡地说："差不多就是我们先前担心的那样。"原以为能够独当一面，没料到表现差强人意，主编的位置对他来说有些吃力。较大的问题是常常把话说得很满，做起事来又不喜欢被指导，长时间不符合期待的结果就是让彼此失望，以分开收场。

每当要面试新工作时，我总会在前一晚做一次沙盘推演：开头的自我介绍要表现得真诚自然，不忘多做功课谈谈对面试公司的了解与期待。最重要的个人经历，究竟说到几分满，也会好好琢磨。**隐恶扬善是最常见的话术，基于诚实，隐恶不太需要技巧；扬善的尺度因人而异——生性保守的人会做到五分；大多数人的直觉反应要做到七分，而我，则会拿捏在九分满。**

> 过度抬高自己不是好事，
> 所谓九分满的面试之道，
> 是拿缺少的一分表现拙劣。
> 拙劣不代表失败，而是留出挽回的余地。

如果那位主编能够在对方提出疑问时，表明虽没有独立完成的作品，但清楚身为主编的职责和工作目标，期待能获得机会磨炼出更扎实的执行能力，适度降低对方的期待，不失为解套的方法。

面试是想让双方确认是否合适。会做事是基本，最重要的是满足彼此的期待。换成我当面试官，最怕误用不合适的人，浪费时间是最不愿见到的事。被误导过几次，于是理出一套机制，辨别谁是真、谁是假。在面试关卡把话说得很满、很有自信的求职者，我会习惯性地先打个五折，再看剩下的分数如何。

反之，如果面试者可以适当显露不足，又能谦虚地回应，实在是再加分不过；就算是身经百战的老江湖，也禁不起以退为进的谈判技巧。每个人对完美的标准不同，新人当然会有一定的差距；只要不偏离太远，就绝对能够被容忍，或用其他特长来弥补。

> 职场求生法则
>
> 凡事话别说太满，对于做事能力就像开车要保持安全距离一样，适当的拙劣反而是好事。百分之九十的完美，剩下百分之十是为自己预留的面对任何意外的弹性空间，也是最后关头加速超前的机会。

把握机会固然重要，
但没准备好可别急着上台

进入杂志媒体行业，我曾经最想去的公司，结果却是被录用之后待的时间最短的一个，不到半年就黯然退场。就像是在家苦练多时的非专业歌手，好不容易得到机会登台表演，第一句就走音，接着整段唱错歌词，脑袋一片空白愣在原地。刚唱完就被请下台，被告知"谢谢，再联系"。

那半年，回想起来确实有些荒腔走板，得来不易的饭碗却被情急碰碎。离职前一晚要发告别信，发现当初寄给总编的求职信，自己还留着备份。信中的口气充满自信与期待，感觉是个开朗又积极的年轻人。听闻公司已经找到替代人选，对终将被迫离职这件事早就心里有数，跟主管最后一次谈话的内容至今记忆犹新。

"威廉，你知道自己的问题在哪里吗？"

"我好像来得太早了。"

> **所谓来太早，
> 是在能力还不具备之前就坐上了这个位置。**

当时二十六七岁的我生活很简单，没有太多物质追求，跟杂志中的精英风格相差甚远。为了写出高品质的报道，花两倍、三倍时间打磨品位，加班到深夜不断翻着旧杂志，研究读者轮廓，尝试换位思考。可惜苦读的结果却只是摸到了皮毛。私底下我总是T恤加牛仔裤，却要教读者怎么穿西装、怎么选好西装，无论怎样揣摩都很吃力。

"你在公司的这段时间有什么收获？"

"我比第一个月要熟练很多，可惜进步的速度跟不上公司想要的水准。"

被梦想的工作抛弃后，我费了好大的力气才拼回玻璃心。也曾想过是否再多给我点时间就能上手。遇到菩萨心肠的主管或许愿意，可公司不是学校，没有太多时间让你学习；不管换谁来做，绩效还是得要求。杂志运作所需的专业能力或许可以靠土法炼钢，在一定时间内成长起来，可惜我的另一个遗憾是心理素质不够。

我抱有太多期待，所以一受伤害就加倍受挫，总是在需要稳定表现的时候意外失常。**积极、乐于接受挑战绝对是很好的工作态度，但工作上"越级打怪"终究是事实，再怎么辛苦都得正视失败。失败可以反映出能力的不足，能暴露出被自信所掩盖的盲点。**

自我反省的成效有限，最直截了当的方法就是放低姿态，向拒绝你的人请教还有哪些地方可以改进。若无法当面开口，就发一封电子邮件；抱着死也要死得明白的心态，才能置之死地而后生。这辈子不可能只有这一场面试，也不是只有这一个工作机会。

上班最后一天，我急着把个人物品打包，想尽快离开让我灰头土脸的伤心地。总编辑打了内线电话把我叫进小办公室，平时看似冷漠的他，离别前却说了一番让我受用至今的话，大意是："威廉，在这里工作的时间不长，它可能是你最后回顾人生时不会出现的片段。但你要好好想清楚，最终想要成为谁。想清楚了，这中间的过程该做哪些努力，自然就清晰了。"

找工作经常会遇到彼此相谈甚欢，再夸张一点，就是相见恨晚的面试气氛，毕竟当时两边多少都有一些不切实际的想法。先扪心自问自己究竟准备好了没有。如果胜算很大，决定权就回到了自己手上，别急着当场表态。**趁着短短的面试时间感受公司的气氛，用几天的时间冷静思考。试穿一次就仓促结账的衣服，往往没穿几次就会发现不合适；工作也是。**

其次是专业能力，尽可能在面试的时候问清疑点；一旦离开会议室，就再也得不到答案，只能臆测。认识全然陌生的环境的失准概率，实在太高。所谓疑点，包括自己的能力是否跟公司的期望相符，不足的部分又有多少资源跟多少时间弥补。办不到的事别轻易答应，不要嘴硬。

当天在小办公室的我不断向总编辑道谢，也忍不住流下悔恨的泪水。天不怕地不怕的求职态度到这一站因此改变。遇到好的机会不一定要立刻伸手去抓，懂得不强求，宁愿先留着这段互相满意的缘分，加强心理素质跟专业能力之后，找对时机再来挑战也不迟。

> **职场求生法则**
>
> 机会只有一次，加倍用心却得不到别人一半的成就，就是一种信号。把握机会固然重要，但还没准备好各方面的能力时，可别急着上台。

选大公司还是小公司，看你欠缺的是专业能力还是掌控力

我前后待过不少公司，联系得最频繁的是其中规模最小的一家。当时杂志社的编辑、策划加上业务员，不过六七人，吃个午餐得整个公司出动，必须猜拳决定今天谁留在办公室帮忙接电话和收快递。人力太过精简，无论是功能面还是情感面，这样的组成都太像家，缺一不可，每次回想起来心头总是暖暖的。

待在这家公司将近两年，我度过了职业生涯中最欢乐也是最难忘的一段时间。由于组织架构扁平，多数职位都是老板直接管理，因此员工彼此之间没有竞争意识。每个人都是一条龙作业（偶尔是多条龙），没法挑事做，也没时间偷懒；事情不做，没人帮得了你，到头来还是得自己独力完成。同事之间互不干扰，所以气氛融洽。

> 小公司所有的工作项目必须一把抓，可以练习独当一面。

工作看似悠闲，节奏却像大火快炒。虽然被放在最基层的编辑职位，但其实我是整本杂志内容的联系窗口，跟总部沟通当期内容、艺人上封面与品牌活动邀约都得经手。然而琐碎的事也不少，小到连改一个字都要特地发邮件，转发给全公司。一双手加一个脑袋，时常慌张度日，能把事情做完就是成就。

我职业生涯的下一站，是到另一家大型媒体集团任职。同样是基层编辑，报到当天一出电梯说明来意，前台人员就将我带到新座位，早早就放好一份入职表格，电脑跟分机都设定完毕，一张便利贴写着账号、密码。还来不及跟"邻居"自我介绍，部门里最资深的同事便走过来说："威廉，可以打扰几分钟吗？我带你去认识公司同事跟周围环境。"

这段职业生涯像是从家里自学，突然间被送到私立的贵族学校，眼界开阔了不少。虽然之前也待过其他杂志社，但从业界最迷你的公司换到规模最庞大的公司，差别很大，所以衔接得特别辛苦。上班第一天就明显感受到制度化，连领用一块橡皮都必须按照流程来。

> **在大公司不只要把事情做完，还得把事情做到最稳、最好。**

严谨是这家公司特有的文化。关于内容，总编辑让我明白百里挑十跟千里挑十的成果绝对不同，一点妥协的空间都不给。相较于上一家公司的温情，这里显得肃静许多，每个人都像一颗螺丝钉，想尽办法锁到最紧，好让这台机器能顺畅地运转。冰冷并非就是贬义，抛开儿女私情，追求成效至上的工作环境，像是军事教育，把我一直以来过度放纵的做事方式，猛然拉回轨道。

曾有好一阵子，我很迷恋成为权力中心、凡事都由自己决定的优越感。在小公司最容易被冲昏头脑，经过几份工作的洗礼，我才真正感受到制度的重要性。无论规模大小，能待得久的工作环境一定分工明确，大小事都有明文规定，就连判别员工的表现也有一套标准作为依据，赏罚分明。这在大公司比较常见，尤其是业界的老字号，一定有它存活至今的道理。

职业生涯初期，尽可能先往体制完善的公司走，规模越大越好，就算职位低也在所不惜。学会被管理才能知道该如何管理，一旦习惯了 Free Style，就很难再接受体制。若是起步条件不如人，没有名校加分，更没有摊开像同花顺的证照，长相称不上是道菜，也别太快丧失斗志，不妨先找工作性质接近、职称类似的职位磨炼专业能力，培养实力。既然技不如人，就得做好蹲点练功的打算。

"好缺"门槛通常不低，面试关卡越多、越需要具备条件的职位，照常理说薪资跟福利都不会差到哪儿去；若月薪六千还得具备十八般武艺的无良职位，用肉眼就可以判断，别傻到往火坑里跳。要留在小公司当山大王呼风唤雨，还是加入大公司生产线做个称职的作业员追求专精？刚毕业的我跟已经工作十年的我，想要的工作模式肯定不同。

若能重新选择，我仍不后悔于菜鸟时期想尽办法往大公司钻，就算助理的薪水无法支撑基本生活，也要咬着牙能学多少算多少。等到有丰富的资源可以运用，往后就能成为转职的筹码。就算换到人员稀少、刚成立不久的公司，也拥有把前东家的成功经验复制过来，建立制度的真本事。这些都是无形资产，未来想要挑战高职位就不再是难事。

> **职场求生法则**
>
> 把专业能力磨炼到一定高度，在职场上会是一张保命符。掌控大局的经验不用太急着要，等到时机成熟，自然就会把你推到想要的位置。

多礼不如懂分寸，
有些事情做足反而会有反作用

一直以来，我都是唱歌类节目的忠实观众。近几年中国大陆将唱歌类节目的制作规格推到了天花板，不再单纯是唱歌，更像是一场大型歌舞秀，连观众都成了表演的一部分。

个人偏好唱腔独特、情感大过技巧的歌手；那种转音转到喜马拉雅山，每个细节做足，唱到惆怅之处不忘压嗓、哽咽的，通通被我归于太油一类。像我这种职业观众，得同时追好多个节目，太油的唱法不耐听，不到一分钟就想转台。

多年前，在《身骑白马》爆红的时候我采访过徐佳莹，她倾注感情的唱法让观众无法将目光移开，她总是闭着眼睛握紧麦克风，像是要狠狠地从心底掏出些什么给听众。我难掩粉丝的好奇心问她为何习惯闭眼，她煞是认真地回答我："因为要想象歌曲的画面。"闭着眼睛倾注对歌词意境的理解，让自己成为歌里的故事。

徐佳莹不是最会唱歌的参赛者，但声音最能感动听众；而我所谓的掏出些"什么"，就是"诚恳"，不诚恳一听就知道。

台上的歌手是应聘者，评审老师则是面试官，不管换到哪个位置，我都不推崇太过能说会道的说话技巧。对于礼貌，每个人各有标准；若不是外表"开外挂"，通常动作一多，即使礼貌也会令人感到不舒服。换到求职场合，我们推销自己，要让对方在很短的时间内就留下好印象，未必得使出"撩妹"的手段；意图明显就是失败的话术，对方埋单的概率不高。任谁都不希望被觉得很油，油等于不诚恳。

究竟讨好别人有无必要，求职这关我投反对票。话题要点到为止，让双方都能感受到尊重，而不是刻意恭维，最容易犯的错误是祸从口出。非交际场合的称赞往往很难拿捏，容易显得多余，听起来像别有用心。要挑对的时机说话，抓不准时机微笑就好；礼貌尽可能用态度表现，而不是行为。

　　面试场合谈的是正经事，轻松的气氛不需要刻意营造。曾遇到一见面就夸衣服好看、声音好听、看起来人很好相处的人，这类赞美全部被回以微笑，简短地道过谢就直接切入正题，并没有为他加到分。这些赞美就算是真的，也请通通放在心里。**让人舒心的求职者，反而话不多；等到对方递麦克风时才发言，这叫懂时机。**

> 懂得察觉对方的需求，想尽办法满足他、为他解答，话题不偏离工作就是懂分寸。

　　就算曾有丰功伟业，也切记态度不要张扬，表现灵巧有更好的方式。情绪再澎湃也请本着优雅的原则，不疾不徐地交代清楚，好坏留给对方来评断。即使工作性质需要舌灿莲花、以话术深浅来作为录用参考，喜欢油腔滑调的人也很少；我宁可选择诚恳。让人舒服的面试氛围，就已经成功了一半。

　　紧张不安又带点兴奋是人之常情，时常出一个差错，情绪没控制好，就会适得其反。我不止一次犯过相同的错误,急着把自己会的面试技巧全使出来。从第一次对视的好学生式微笑,到进门的客气礼让,都还算得体;若每句话都加上敬语,听起来就会越来越别扭,最后自己也会结结巴巴变得很不自然。

不讨好、懂分寸的人能给人诚恳的印象;不过分在意礼数,就算只是一个伸手的动作,也能看起来很诚恳。

喜形于色永远是最拙劣的表现方式,就算内心很渴望得到这份工作,也要耐着性子淡定一点,一切理性应对。

谈工作是一场交易,需要拿出真本事来交换,不能只依赖嘴上功夫。态度越汲汲营营,越想得到,对方反而越不肯给;能被记住然后录用的,往往不是最会面试的人。

> 职场求生法则
>
> 想取悦对方却没有能力拿捏得宜,最后就会给人留下过油的印象,面试还没结束就知道自己已被淘汰出局。与其多礼,不如懂分寸就好,有些事做足反而会起到反作用。

把烂工作做好就是你的本事

我找工作的运气向来不是很好,从懵懂到莽撞,说穿了,就是简历不够精彩。尤其头几年,打开求职网站,主动联系我的公司不是寿险,就是房产中介,多半是不需要太多资历的业务工作。没有其他选择,只能靠口耳相传,打听哪家公司缺人,凭着少得可怜的人脉,想办法把简历送到对方手中。

经朋友介绍,我获得了一份策划编辑的工作,还没入职,就有人好心带话提醒:"威廉,你要想清楚,这个职位不好干。你的主管阴晴不定,不是一个好相处的角色。"对方好意相劝,把最差的情况一五一十全告诉了我。由于当时我入行没多久,经过一夜思考最终还是去了,想得很简单:"反正我经验不多,多学多做肯定没坏处。谢谢你的好意,总之我想先努力看看再说。"

即便内心多少有些迟疑，但我在杂志圈仍是新手上路，没有其他去处，所以"明知山有虎，偏向虎山行"，众所皆知的烂坑还是得跳。**求职前，我习惯打探征求职位的淘汰率，以及整个公司最资深的同事约莫待了多久，来预计这份工作会持续多久。进了公司，就像把沙漏倒转，在有限的时间内磨炼出自己想要的技能。**

我的新工作隶属于业务部，负责编写与品牌合作的内容。专业术语是广编，换成常见的说法则是推广，夹在业务员、客户与杂志中间，不算讨好的角色。没办法像其他编辑一样拥有报道的自主性，要写什么、拍什么得跟着预算走；满足读者是其次，把客户应付得服帖才是我的职责本分。

头一年有些辛苦，前面几个坐这个位置的人都与公司不欢而散，幸好当时我是一个彻头彻尾的老好人，不知好歹算是好事。遇到无理的状况毫无感觉，别人眼里的苦差事做得也挺开心。就算主管要求一个提案给出三种版本，我也会视为挑战，心想冲就对了；下班前突然被告知有急件要给客户，也会牺牲休息时间去完成。只要能帮到同事就觉得开心，一切正念以对。

有求必应的态度让我与部门同事打下了很好的合作基础，但"偶有急件"变成了人人都是急件，无形中把业务员惯得懒惰。随着时间推移较能掌握工作节奏，才逐渐晓得分辨轻重缓急；知道如何判断推到眼前的急件，该花几分力气处理。

> **最好的方式是先坐下来协调，在工作量暴增的时候一起讨论对策。**

可惜当时没学会沉着，而选择了不理性地面对。被急件轰炸了两三个月，我忍不住在会议上直接抗议："你很急，他也很急，而他更急，我一个人只有一双手跟一个脑袋，就算不吃不喝、不休息也做不完。你们几个要不要讨论一下，看谁是真的急？"话一说出口，所有人瞬间安静；气是出了，但场面也搞僵了。

从那天起，我不再一味接受，遇到不合理的要求会直接拒绝，却被解读为工作态度不佳。从顺从到不愿顺从，还算是新人的我藏不住情绪，也假装不来，索性在办公室里将自己切换成"静音"。冷战太过消极，问题还是没有解决，化友为敌非常不明智。同事耳语，我正进入先烈们的离职程序。发现苗头不对我试着改变现状，积极找其他人沟通，可惜为时已晚。先前的不配合让我成了异己分子，他们巴不得尽快铲除。

收起所有怨怼，回想当初执意想要这份工作的初衷，回想设定好的技能是否已经到手。多亏密集的急件，让我在高压环境下磨炼出快速提出方案、快速完稿的本事，并且拥有基本的沟通能力，能让客户、业务员与公司三方运作顺畅。相对于其他部门的同事，我积累的人脉更多元，连印刷厂和广告公司都有接触。想想不离初衷，这趟虎山确实没有白来。

"富贵险中求"是拿来自我安慰的借口，求职前根本就不该设定待的时间，一旦预留退路就是消极的开始。**同样是磨炼技能，能否智取，取决于在冲突下如何拨乱反正。就算工作量再不合理，撕破脸都不是聪明人会出的招。**

> **职场求生法则**
>
> 在工作时自爆，通常是因为抗压性不足。对"没那么好"的工作机会抱着走马观花的心态，早晚会落得仓皇而逃的下场。环境纵然险恶，若能有主动解决问题的积极心态，仍能走出一条活路。

工作头几年，
"钱多"不是好事

离开一份倾注很多感情的工作，心情有点复杂。当时的我已有四五年的工作经验，不算新也不算旧；打算在同行业找更好的位置，笃定要另谋"高就"。无奈几次面试都没有下文，到了第三个月，存款见底我才意识到失业。无路可退，我开口跟要好的前同事借了一千块钱，东拼西凑才交完房租。眼看二十九天后还得再经历一次折磨，我决定主动找机会，把姿态放到最低，无论如何先有收入再说。

那阵子偶尔到百货公司代班，看到熟人躲也躲不掉，听到对方问起："你怎么会在这里？"意志就更加消沉。既然中国台湾地区没有我的位置，不如到外地闯闯；拜托朋友帮忙在大陆打听职位，最后都不了了之。穷到连早餐跟午餐都得拼成一餐吃，下个月房租都不知道在哪里，能省就省。

好不容易一份长驻上海的工作找上门，虽然杂志的属性并非我擅长的领域，但对方给得起高于行情的薪水，愿意提供宿舍又贴补返乡机票，我决定先去再说。我把家当塞在一只三十二寸的行李箱里，一路听着张震岳的《Bye Bye》，就要到一个连去都没去过的环境重新开始。

报到当天，发现跟事先谈妥的条件有落差。说好驻地干部会让出宿舍，没想到他存心刁难，找尽理由就是不搬。我只能屈就于一张乡土剧常见的藤编长椅上，睡在客厅，偶尔骨头酸痛到不行，才换到地上。十月底暖气故障，我撑到十二月气温降到零度，打电话回台湾地区给当初面试我的主管，请他帮忙。最后我换到了一家有烟味跟失灵的热水器的旅社，在上海的冬天洗冷水澡又是一连串的震撼教育。

原本应聘的是编辑职位，结果上班第二个月传来一张客户清单，要我联系客户并试着登门拜访，每周五上交工作简报，里面要注明客户的状况、广告预算与合作的可能。摆明把我当业务员用，俗称挂羊头卖狗肉。承诺接连落空，让我异常灰心；与其坐困愁城，不如想办法脱身。恰好赶上农历春节回台北，返程机票索性报废。

> **最完美的退场是把试用期撑完，
> 到时再以适应不良为由，彼此好聚好散。**

我一心只想着到中国大陆发展，至于怎么发展，又想发展到什么地步，则欠缺规划。**异地工作要考虑异地的生活配套，最好是有熟人带着；环境适应的问题解决了，再谈薪资。**先衡量收入能不能支撑生活，而非带着家当到当地再说。这是工作，不是旅游，我一开始的心态就错了。

一段海上漂的奇幻旅程写不进简历，却是深刻的人生经历。不少新人一走上社会就背着学贷和房租的巨大压力，不得不看钱办事。但自己值多少钱，心里多少有个底，高于行情的薪水是甜头，先甜后苦是再常见不过的血泪史。**开头苦一点无所谓，与其贪婪地伸手乱抓，不如让自己变得更有能力、更强大，让好机会来找你。**

对职业生涯缺乏长远规划再加上运气差，才会茫然失措。求职过程屡屡碰壁会让人六神无主，容易把钱摆在优先位置；就算没什么兴趣，只要有不错的收入，就能安心许多，其余就尽可能地迁就。知足是好事，但初入社会的

找对工作得靠智慧 _Chapter 1

你,没有深厚的经历背景,对方愿意开高薪多半不单纯。

打开求职网站,不需要太多工作经验又能给出优渥条件的工作,多半是出卖劳力;随着年龄增长会逐渐失去竞争条件,不是长久之计。另一种则是业务性质,需要具备销售能力,用业绩奖金来垫高年收入。我这才理解上海那份工作为何能给高薪。

其实,工作四五年顶多算稍有经验,转职力度有限,未必能跳到多好的位置,却难免有些眼高手低。**最好的策略是持续储存能量,积累实力,就算是新人也请先收起茫然,工作尽可能围绕着兴趣,从一件再辛苦都不会喊累的工作,感受何谓成就感、何谓成长。**专业能力绝非一时所能掌握,找到方向是职业生涯的首要目标,薪资并非最重要的条件。

> 职场求生法则
>
> 走上社会的头几年,可别只看薪资,实力养成得靠稳扎稳打。实力有了,想要的成功就不远了,接下来就看你如何布局与运用。你找工作跟工作来找你是两种命运,面试时有谈判优势的肯定是后者。

与其想未来，
不如想明天该达成哪些目标

上班没几天，部门主管找大伙一块儿吃饭，想让我熟悉熟悉。席间突然问起："威廉，你怎么想当编辑？对这份工作有什么目标？"

我不假思索就回答："我想当一个最年轻的总编辑。"他忍俊不禁，要我考虑清楚，并提到编辑工作时间长且赚不到什么钱；业界行情最好的总编辑的薪资条件相较于其他产业，也不过尔尔。

现在想起这段尴尬的对话，心里仍会忍不住扑哧一笑，是可以被说成可爱，但天真的成分占多数。就像所有初来乍到的职场新人，谈起理想时总是眼睛有光，前辈提到的现实考量浇不熄也骂不退。决心说得通，自信也肯定有。

> 把目光放太远，
> 会让人忘记此刻双脚正踏在地面上，
> 实现理想还是得胼手胝足。
> 努力人人都懂，
> 要找对方法才不会到头来白忙一场。

回顾十年的职业生涯，经常有跟理想背道而驰的时候，好比想嫁个又帅又有钱的老公，总是天不从人愿。遇到一个长得好看、家境不错的对象，就会开始挑剔身高；外形条件够了，便期待他再贴心一点，最好记得关于你的所有数字和第一次接吻的时间、地点跟天气。人都是这样的，永远学不会知足。

撇开场面话，或是"I love my job"之类的自我催眠，热乎劲一过，毫不犹豫地说出"我热爱我的工作"实在不是件容易的事。现实会不断扇我们耳光，热辣辣的，想要心无悬念地朝理想走去，真的很难。

某天夜里，前同事 Y 发了条语气有点无力的信息给我："怎么办，威廉？这份工作好像不是我想要的。"

对话框另一头的我皱着眉："当初也是你自己选的，不是吗？"

他认为此刻偏离职业生涯目标，努力再多仍然被困在一片大雾中，迷失了方向。我只能拿自己的例子做他的探路灯，试着加以指引。

这让我想起与猎头顾问交手的一段经历。当时要面试的是跨国集团的高阶职位，对方请我列举出自己的阶段性成就，曾负责过哪些大型项目，有无对自己有利的数据证据。整整三天，在一段又一段的职业生涯中，除了无形的专业技能和经验外，我竟然盘点不出足以放进简历中的作品以外的成就。

原来我日复一日地工作，最后只累积了工作时间，实在把自己给吓坏了！ 硬挤出几个项目搭配数据，心虚地按下发送。睡前，我重新审视自己，人生走马灯转到那次迎新饭局，第一个画面是我毫不害臊地说出志愿；一个跳接，变成我坐在办公桌前盯着电脑怀疑人生。

工作终究是我们自己选的，不存在想不想要的问题，当初不喜欢也不可能踏进来。我可以感受到前同事 Y 的初衷没变，只是因为慢慢熟悉之后，现实对比出梦想的遥不可及，让人灰心。**求职的心态很重要，决定坐下来谈这份工作的当下，要思考的不是最终你会变成谁，而是拿到 offer（录取通知）时，从第一天到最后一天应该做好哪些事，从务实的角度拟定工作目标。**

比起畅谈"我的志愿"的天真，在面试时能清楚职位需求，收起傻气，有条理地分析自己的优势与不足，肯定迷人许多。正因为自己不甚完美，所以短时间内也没有一份工作是完美的，千万别操之过急。

在每段职业生涯的开始先设定好预期成就，比梦想更重要的是阶段性目标。想当最年轻的总编辑并非无望，但总不可能头一份工作就爬得上去。谈未来总是空泛的，希望这段话能给许多苦于无机会出头、时常感到飘零无依的人以善意的提醒。不能满脑子只想冲到终点,而忘记认真思考踏出的每一步都要稳固,才有办法达成所谓的梦想。

> **职场求生法则**
>
> 工作是一连串的自我实践,每个阶段都有不同的目标需要抵达。比梦想更重要的是阶段性目标,与其想着未来想成为什么样的人,不如思考明天你需要成为怎样的人。

职位很可能只是骗局，
工作条件务必眼见为凭

　　正当我犹豫编辑生涯是该继续还是结束时，恰好接到某出版集团的面试通知。几个月前心慌意乱，通过人力银行应聘了这个主管的职位，事隔多时，早就被自己忘了。电话里，HR想找我谈的是另一份工作，他留意到我简历里有经营网站的经验，便询问我有没有兴趣面试新媒体运营总监的职位。抱着姑且一试的心态，我爽快地答应面试。

　　面试当天，照惯例先填写基本资料与例行的性向测试，半个小时后，总经理走进会议室。前半场算是相谈甚欢，后半场则切入正题，开始聊新媒体方面的运营规划。这种时候，十个面试官有九个会开始画大饼，就算明知是海市蜃楼，也别轻易戳穿。耐心聆听的同时，务必确认双方的思维逻辑是否在同一个频率，理念是否相同，再决定要不要继续谈下去。

老字号的平面媒体想转型新媒体，将运营重心移到网络，希望借助我的实战经验和能力，让它成为该领域的第一品牌。愿景人人都有，但我生性务实且超不浪漫，总监的分量非同小可，既然是管理的职位就得背负成败的压力。我试着在一连串官腔里，快速抓出该公司的预期目标，仔细评估他们新媒体的经营现状，显然质量有待加强。

> '或许'跟'应该'之类的字眼都是陷阱，
> 不存在的事情别列入考量，
> 工作范围内的疑问务必要摊开说。

先打探清楚集团的组织架构，接着，我问到目前网站有几位编辑，对方吞吞吐吐地说目前有一位，年后或许会增加一位；如果我顺利入职，整个部门应该会有三位编辑。我眉头一皱，发现事情不单纯，职位挂运营总监，但部门内（加我）总共才两个人，直接管理人员一人，而且还是大学毕业不到一年的新人，现状听起来像扮家家酒。

原来总监不过是名字好听的资深编辑，对上要参与公司运营规划，对下要带新手编辑；对外要维系业界关系，对内必须维持产值，每天要编写文章创造流量，一听根本就是灵异节目直播，吓得我胆战心寒。于是开始想办法从这场闹剧中全身而退。

听完对方的说明，我委婉地表明一个人做不了，并依照公司的需求给出建议，当务之急，应该增聘两位编辑，并非先找主管。面试撞鬼都是练胆量的好时机，没必要立刻拒绝走人，既然来了，不如进一步探探薪资行情。不久后，换成到董事长办公室谈年薪，对方开出的条件竟是我工作第二年的薪资水准，而当时的我已有十年的工作经验，足以让我现场表演三次"综艺摔"。

不得不承认，自己在初入社会头几年对职务异常执着，就算牺牲薪资也在所不惜，巴不得名头越大越好。换成当时的我，肯定往火坑里跳，二话不说便把老板画的大饼抓起来猛啃，管它营不营养。现在的我知道，就算有本事撑得起名片上的抬头，但工作无非是靠劳动换取金钱，务必要考量现实。

那些惯用漂亮抬头来留人的公司，明眼人看来都只是说说而已。

职位跟工作内容必须对应。或许位阶够高，可以头顶光环，确实能引人注目；**但长远来看，若想顶得住光环，必须有配套条件。没有好的队友，没有前辈指点，光凭单打独斗，绝对不可能成功。**江湖混久了，交手过几个名过其实的家伙，才了解抬头给得漂亮毫无意义，名片写着经理、总监、首席运营官却是草包的大有人在。

关于待遇，对方承诺在试用期过后调薪，却说不出具体的调薪依据；三个月到了要如何评估表现，又会从哪些层面判断，含糊其词。很明显，公司有意把我一个人当两个人用。就算付出双倍的时间和心力，以刚入职的状态，短时间内最多只能做到摸索；职责范围太广，能上手就已经不错，更别说做出成绩了。

面试结束时，对方表明只要我接受上述条件，就可立刻上班。按捺不住直言性格的我，把所有呛辣字句全部浓缩成："谢谢两位的赏识，恐怕我不是你们要找的人。"走进电梯还不能松懈，所有负面情绪再细微都要忍住。坐上出租车才深吐一口气，勉励自己："不经一事，不长一智。"

> **职场求生法则**
>
> 职位很有可能是一场骗局，所有工作上的条件交换，务必眼见为凭。老板画的饼再大，也需要你尝过味道，且看职责范围跟工作内容是否符合薪资条件，再决定要不要吃这个饼。

未来的主管挑你，
你也要挑他

刚开始工作那几年，我没有丰富的经历作为筹码，相对的，工作的选择也不多，经常抱着孤注一掷的心理去争取工作。一个走火入魔，就算遇到过分挑剔或不礼貌的面试情况，我也会选择忍受，一心只想能被录取就好，其余的等踏进公司大门，屁股坐热了再说。

朋友曾介绍给我一份销售的工作，长达一个多小时的面谈过程，老板把公司运营的问题丢出来，想听听我的看法，想法不够还得给出做法。我一边讲，他一边抄在笔记本上。照理来说，要先找到双方沟通上的默契，了解求职者的人格特质，再往下谈实际面和操作面。我试着把话锋拉回职位，直截了当地询问工作内容跟条件，对方回答得模棱两可，最后以赶着开会为由先行离开，让 HR 接着谈。

进入 HR 面试阶段，HR 前半段简要介绍了公司内部的组织架构；后半段便语带暗示，不难听出在拉拢势力。说到激动之处还不忘指着我的脸，像是警告，甚至不时揶揄我的本名谐音。基于礼貌，我用尽毕生的修养熬过这场面试，幸好未来的主管不是他，不然我一定叫车先走。

当下在会议室里谈定薪水，任职当天如期报到，一进公司便开始忙着跟部门同事交接。HR 碰巧休假，相关入职文件得等他第二天上班才能签订，一整天忙进忙出的，下班时却被告知由于老板还没签核薪资，一切要等到正式发出聘用证书，再来报到。做了一整天白工的我心情非常无助，把笔记本电脑合上收进包里，简单道别就离开了。为求舒心，我把这段经历转述给一位向来理性的友人，想听听局外人怎么看。

"面试时，你觉得老板是个怎样的人？"

"他超级奇怪！怎么会有老板完全没想法，还要我给出想法，急着拿纸笔抄下来？"

"那 HR 呢？"

"HR更怪！见面第一天就要我选边站，大讲同事坏话还不够，还疯狂指着我的脸，好像我非得要这份工作不可。"

"幸好吉人天相，上班第一天就爆发问题，这两个人肯定是你不喜欢的同事类型。"

听到这里我突然豁然开朗，既然有疙瘩又找不到方法抚平，早该在第一次面试结束时就委婉拒绝，不用让第二次面试发生；贸然将就，最后果真是闹剧一场。会走进这个公司，就代表对这份工作有一定程度的喜爱。点与点相连，很有可能连成线、构成面；然而，不能一起工作，并不代表不能成为朋友。

> 求职的同时也在寻求人际关系，
> 谈不成也要留个好印象。
> 面试失败不见得是失去，往后转职或许会
> 用得上这段关系，要懂得留余地。

有些面试官一进门就气焰高涨，多听对方说一秒的话都会觉得度日如年。这就是所谓的不投缘。但职场识人首

先要放下个人主观，建议给对方三个问题的时间，以证明自己的推断是对是错。若能将底线守住，碰到突发状况难免有失圆融，但只要本着礼貌的心，再难堪的局面都能做到全身而退。

不能光看工作的性质，还得看人、看环境。刚走上社会那几年，我本以为把事情做好就好，吃了不少苦头才意识到做人也很重要。人心难测，恰好可以通过面试时间作为预判。我会特别敏感于自己是否受到尊重，**无论职位高低都不应让自尊被践踏。主雇关系能够长久，必须建立在良性沟通上。忍耐只能一时，情商再高的人，也禁不住底线被猛踩。**

> **职场求生法则**
>
> 人与人之间的频率共振非常奇妙，只要同事能站在同一阵线，就算工作再辛苦，也能甘之如饴；纵使眼前的工作再梦幻，如果面试时跟主管磁场不合，就相信直觉，别贸然将就。合不来便就此打住，未来可是要一起共事的；他挑你，你也要挑他。

Chapter 2

新人的
生存哲学

职业生涯是人生中一段漫长的路,无法说退就退。请记得把目光放远,设定好阶段性目标,拿出韧性面对工作,练就生存的真本事。

不问会死，
不懂装懂肯定出局

前阵子，特意翻出一篇十三年前怀着强烈怨气写下的博客日志——《新人办公室求生法则》。入职未满三个月的我，人生正经历巨变，走出学校的保温箱来到现实世界体验残酷。第一份工作，就是到时尚杂志外商公司接受震撼教育。

我在代编部门担任编辑助理，工作是协助主编处理较琐碎的编务。起初，仗着还算不错的学习能力，很快就把基本功摸熟，试用期轻松度过。恰好部门人力吃紧，主管见我状态不错，便试着把正式编辑的工作交付给我，而我也乐得被赋予重任。

初期顺风顺水，让我在同事眼里成为能独当一面的新人。过度自信是我给自己埋下的大地雷。职位或高或低，最怕觉得自己已经够好了，不想被人指挥，更不需要听从建议；看起来无法展露能力的例行工作便不太想碰，就像新手上路就想开快车。

> 有能力，不代表有实力，
> 靠实战经验才能积累出
> 扎实的作战力。

新人再聪明也不可能无师自通。有疑问很正常，不代表自己是弱者，千万别闷着，别犯了错宁愿上网查询，也不肯开口问。当时我收到指示要策划新刊，第二周要向客户交提案。对我来说，这是从未有过的大挑战，何止跃跃欲试，就算埋着头连夜赶工也要拼出来。开会当天一早走进公司，主管请我把会议资料先发一份给他。没过多久，他抬头问我："简报在哪？"

"有啊！那份 Word（文字处理软件）文档就是，你前天不是看过了吗？"

"先生，这是策划大纲，你难道不知道开会要用简报，这样客户哪看得懂？"

"可是要报告的内容就在这份文件里，可以看着讲吧。"

"这些是初步规划，所有单元页面的呈现方式，你还是得用 Power Point（演示文稿软件）做成简报，有图有文方便逐页说明，你怎么连这么基本的常识都不懂？"

"那……我现在该怎么办？"

"不懂也不问，那么有把握，你现在应该问你自己该怎么办。"

静默了几秒，旁边资深的同事急忙解围："威廉，还有一个半小时才出门，我先想办法跟客户改时间，你赶快完成简报。"偏偏客户态度很强硬，没办法更改会议时间，同事赶紧拿出一沓国外的杂志，要我从中找出参考板式，他请美术设计帮忙扫描，同时调出 Word 文档，用最快的速度拼凑出一份简报。

一场混战总算应付过去，但应付的结果就是提案被客户否决，我们回程的出租车上气氛降到了冰点。盲目地做，再盲目地犯错，错了又不愿低头求助，一个字形容就是"瞎"。自信遮住了我的双眼，导致我犯下大错还不自知，最终招致众人的不信任。

好强的人在职场中会变得逞强，越级打怪不死也得重伤。我的职业生涯开头很有趣，用超短的时间结束初学者身份；又费了好大一番功夫在进阶班站稳脚跟；一度还曾被抛回原点，从头来过。不识相又莽撞的故事还没结束，这篇只是开头。

一路承蒙不少好心主管的指点，多年后，我才慢慢爬到被交付重任、掌握进度的主管的位置，遇到资质好、学习能力快的新人，总是又爱又恨。生性谨慎的人紧抓着我猛问，生怕一个出错就大难临头。嘴巴说没问题的，通常是最容易出问题的人。相较之下，我会选择前者。

带人时，我一定会把"请务必不懂就问"这句话挂在嘴边。一旦发现新人不懂没问，通常是木已成舟，不只出错，而且还是非常严重的错误，肯定是现世报。职场生涯中屡次被耍小聪明的人欺骗，我发现，越肯定的口气就越让人质疑，毕竟理解能力因人而异。这让我养成要对方先解释一遍的习惯，确认没太大问题时才会放手让他去做。

> 职场求生法则
>
> 我有太多次惨痛经历，有些同事让整个部门放下各自手中的工作，同心协力来替他擦屁股。我建议初入职场的新人务必抱着"不问会死"的心态，有任何一丝的不确定，请务必厚着脸皮问到底。盲目尝试，再盲目地犯错，不用多久你就会被判出局了。

新人的生存哲学 _Chapter 2

同样是新人，
为何她就可以准时下班

我总以为职场就像真实版《SURVIVOR》，彼此存在一定的竞争关系，不是你死就是我活。尤其是职位差不多的同事，就格外想要比他出色，不想被看成弱者。白天做不完的事，晚上便心甘情愿地留下来处理；周一到周五做不完的事，也甘愿牺牲假日好跟上进度。

由于当时任职部门的运作偏向于项目管理，菜鸟的我终究是菜鸟，没本事"开大车"，大型项目的脉络太过复杂，导致得花好几倍的心力才能跟上原定日程。慢慢地，我陷入了加班的轮回，天真地以为花时间就能换来好表现。从第二个月开始，我几乎天天最早出现在公司，用勤劳做掩护。

不久后，部门增聘了一名新编辑D，约莫两三年的工作经历。在应接不暇的时候出现对手，于是我拉起一道封锁线，部门所有人都感觉到我对她特别冷漠，从相敬如宾到摆明不合。职责相同的 D 却显得比我八面玲珑许多，像只花蝴蝶四处嘘寒问暖，我好几次恨不得拿起电蚊拍用力一挥，一口气灭了她。

我最看不惯对方把麻烦事往外推的工作方式，最后落到她身上的都是些看似轻松的项目，总能很快交差。而我则像个莽夫使尽蛮力，很快就精疲力竭陷入颓势。进公司不久，D 也和我一样面对着排山倒海的工作量，不同的是她能使出巧劲应战，游刃有余。

有了对照组出现，很快，我就面临职业生涯中的第一次劝辞，主管希望我可以自己提离职。对公司来说，我就像个不定时炸弹，原本工作量就已经饱和，加上追求表现，对任务来者不拒，没过多久，手上项目的进度通通延迟，糟心的事件连环出现，心力交瘁的感觉我一辈子都会记得。

当天约谈结束，部门里的资深同事主动找我一起吃饭。午餐时间是同事们互吐苦水的时间，点的面还没来，话匣子一开，我满腹的委屈终于逮到机会释放："很明显我的工作量多出许多，牺牲多少假日疯狂加班，仍不及六点没到就先收好包，补妆准备去约会的D，这一点我很不平衡。"

平时受到这位资深同事不少照顾，也是他央求部门主管让我留任，听完一番抱怨，他语重心长地说："威廉，我很喜欢你这个同事，所以把话说明白请你不要介意。嘴里一直说新同事新同事，其实你们也就差三个月进公司，算起来都是新人。但你有发现自己的问题特别多吗？"

D的能力虽不至于出色，但终究几年的编辑资历让她状态稳定，而我最欠缺的能力就是鲜少出错。再就是D懂得运用资源，也懂得适时挡掉不必要的工作。一开始她同样陷入了加班的轮回，但几个星期后就顺利摆脱，可以在正常时间下班，一定有其道理。可惜当时的我拉不下脸请教她，没能化敌为友，付出了一番代价才领悟到。

66
求援不是偷懒，
善用资源才能关关难过关关过。
99

撑过"劝辞"风波之后,我开始观察 D 的工作方式。她习惯向外求援,虽然一边做事一边喊累听久了有点烦人,但懂得求援就有机会将问题解决,逞强的结果往往是一篮鸡蛋全碎的惨况。

她对内,与部门同事、主管商讨解决方法,试着重新分配工作;对外,若成本允许,便将多余的工作外发。而邻座的我,从策划、写稿到校对、印刷,都想一手抓,不懂得适时放手,这就是两人的差异。

职场不能靠单打独斗,真正厉害的人,懂得运用资源完成重要任务。D 看过的稿子,通常同事们得再看一次,她知道自己文字能力不足,时常打错字或是标题拟得不到位,便聪明地找资深写手协助,降低被否决的风险。

我像撞上冰山的泰坦尼克号,她则划着一艘小船抵达了终点,状态轻松。我这才明白**新人"先求稳,再求好"的作战策略**。刚到一个新环境,务必把这六个字牢记于心,**奉为最高指导原则**。

> **职场求生法则**
>
> 从公司的立场来说，工作是结果论，过程再怎么苦都不能作为理由，只要能够压准时间，如期完成，对公司来说就是能用的人，就能坐稳位置。新人适用与否，通常从这点来判定。

找到职场偶像，
并保持良好互动

严格来说，我是时尚产业的插班生，一开始连想都没想过会进入时尚杂志。离开校园前，一直认定自己不是进剧组学拍片，就是去当八卦记者。头一年连 Louis Vuitton 都念不好，只能用很重的台南腔念出"LV"。分不清楚很多品牌名称的轻重音。幸好脸皮够厚，总是在电话里反问公关："请问贵品牌正确的念法是什么？"

"什么？你连这个都不知道？"这是那阵子最常听到的话。处处碰壁的挫折感很强烈，毕竟从小刻意把自己培养成行走小百科，听在耳朵里实在有点沮丧。就算大学念了四年设计系，以为多少能跟美学沾点边，时尚圈却始终像异次元。我努力把头塞进这道窄门，乐观地对自己说头过身就过，然而，这段适应期却格外漫长。

新人的生存哲学 _Chapter 2

某次聚会，经朋友介绍认识了 A。由于同在杂志圈工作，老早就听闻过这号人物，他在男性时尚杂志担任主编，服装品位出众加之成为同事之前我和他有过几面之缘，所以之后一拍即合，到哪都同进同出。

我和他隶属于不同部门，他在编辑部主导内容，我则是业务部门的策划编辑。由于两人职务没有关联，一碰到问题，我便第一个想到向他讨教。感谢有他带着我认识品牌的历史，了解产业生态。

我的个性向来莽撞，遇到不合理的要求便容易愤恨不平，他总能拉着我下楼买杯咖啡，等到心情稍微和缓，再以过来人的立场给予忠告，不管是专业知识还是工作态度。幸亏有这段亦师亦友的关系，我才能在短时间内快速成长，在很多他照顾不到的场合独当一面。能在职业生涯初期遇到导师是我的幸运，每当提起他时，我总是难掩崇拜的语气。

往后几段职业生涯就没那么幸运了，再也没有出现像 A 这样的天使前辈。时间褪去我新人的青涩，当年的小鲜肉逐渐成熟。变成大叔的职场行情就是残酷，没人看你不顺眼就要偷笑了,怎么可能还有同事对你心生怜爱,更别提处处提点、包容。上班第一天熟悉公司环境跟同事的流程结束,接下来该怎么生存全靠摸索,没有人带,只能自己想办法找路。

当我还是个职场小屁孩时,经常嚷嚷着想要成为谁,坐上哪个位置。磨炼几年后慢慢发现,**想成为的人开始找不到完美的范本;随着资历加深、视野不同,我逐渐认识到,需要应付的难题不是靠单一能力能解决的。**

刚入行时,缺乏专业知识,为此花了不少时间研读时尚知识。等到基本的专业知识有了,又发现自己耐性不够,遇到太琐碎、太繁复的事情就会自动放弃,开始把目光转移到其他前辈身上,参考他们做事的方式作为解决方法。等到开始带人,工作有助理跟着,多了帮手又要思考该如何分配时间,侧面学习仍然觉得不足,我会主动向有相关经验的人请教。

> 完成任务所需的能力与特质,
> 可以从不同的人身上学习,
> 每一位都是值得讨教的对象。

并非每份工作都容易上手，就算有相关经历，新职位对应原有的工作能力，也不可能完全相符。试用期也是适应期，靠着自我提升突破三个月的门槛，对许多人来说都不是容易的事。

不光自学，我还会将汇整可以作为范例的技巧融入职业生涯规划。从 A 身上偷学品位，学习管理部主管 B 说话沉稳有魅力，要是再能有业务 C 的能屈能伸就更棒了。创造出一个与环境相适应的完美角色，这就是心目中想要成为的人；要是这个人不存在于现实生活，那就用众多真人来拼凑。

职场求生法则　　寻找职场偶像，观察对方的人格特质与生存优势，要是不足以作为范本，就当成参考资料，资料越齐全越有胜算。而且不只是单方面地模仿，务必保持良好互动，他们都会是很棒的职场教练。通过不断学习而成为强者，才能让自己在专业领域立于不败之地。

人情不等于交情，
好心肠也请量力而行

有一天，我为了找厂商的联系方式，才发现自己被旧同事删除好友，当下心里不是滋味。这种程度的感情本来可以看淡，但就想图个爽快，死也要死个明白。于是我决定向当年在公司跟他要好的 G 打听，侧面了解我哪里得罪他了，导致无冤无仇被删除好友。

没料到 G 也发现自己被删除好友，两人从慌张变成疑神疑鬼，担心他是否出事，毕竟作为同事的日子虽不至于要好，好歹也相敬如宾。越想越不对，不敢直接私信询问，便决定兵分两路，从共同好友和有他的照片中了解他的近况，无奈还是看不出端倪。其实他没有错，错的是我们把职场上所有萍水相逢的人都往心里去，念旧念到泛滥，就连被不常往来的旧同事删除好友，都会大惊小怪。

> 职场向来不是感情用事的地方，
> 一走出公司大门，
> 没有了利益关系，就是陌路人。

同事关系就好像"共乘"，各自有不同的目的地。同一列车直达或转乘，有人上来找个座位休息；隔着办公室隔板，各自追求各自的理想。人与情分不开容易自讨苦吃，并非要教人冷漠，筑一道高墙来自我防卫，**而是提醒自己在职场上，情感面量力而行，工作面也量力而行，千万别不自量力，责任以外的热心偶尔为之就好。**

踏入职场前几年的我就曾这般老好人过，跟同事感情越好，就越想多为他做点什么，不只是情感上的互助，更是工作上的互助，不管明着暗着都很讲义气。如果下班发现要好的同事得加班，便自告奋勇帮忙买晚餐。如果晚上没什么事，肯定出手相救，卷起袖子问还有哪里需要帮忙，舍命陪到半夜。

时间一久，自然习惯"鱼帮水，水帮鱼"，就算没有水还是要帮鱼。在基层职位时的我们，工作内容单纯，不需要负太多的成败责任，因此就没有急着学习处理人情世故的必要。**过度热心导致分内工作被耽误，我吃过的苦头有一半都是这么来的。老好人的个性一时难改，忘记任何援手都得出自行有余力，事情做完想怎么帮都可以。**

随着资历加深，开始遇到人情绑架的难题，尤其重感情的人做起事来容易有负担。我曾待过编制精简的公司（或部门），成为对外联系的主要窗口，组织架构扁平让我掌握资源和决策权，从四面八方而来的请托，我秉着能帮就帮的心态，几乎是来者不拒。

对外从交换报道、艺人宣传期，到想找媒体曝光、品牌商品想要植入，对内则要面对业务请托、与销售部门的配合等，有很长一段时间，我只要一进公司坐到座位上，就是疯狂地接电话、回信件。等到所有事情都处理完，约莫傍晚五六点，所有人都准备下班了，我才开始写稿，一忙就到深夜。

这样的情况持续了长达半年，怪自己面对人情没有原则，让工作进度乱成一团，暴增许多无谓的分外工作，最终导致出刊时间延迟，在会议上被要求做检讨。我心里觉得难受，由于公司人少，某次我在午餐时间把问题摊开讨论，同事们满怀歉意地说："你没有拒绝，我们都以为你没问题。"自以为的革命情感，似乎只有我成了烈士。

患难见真情的"情"是交情，不是人情。 人情是虚的，说穿了，不过是互相利用；在危难时刻愿意伸出援手，不管换到哪个位置都能保持联系，无私地分享资源，称不称得上交情得用时间来验证，不是靠着一时好心就能博来的。

人来人往，办公室里的同事早晚要散，感情用事没有好处，不善于挡事，也可以练习委婉拒绝。若总是以温良恭俭让的态度面对，一旦遇到用交情挟持人情的情况，就算硬揽在自己身上，也是用蛮力在帮。忙没帮成，反而得罪对方的事，我倒是时有耳闻。

> 职场求生法则
>
> 全神贯注在他人身上，一会儿帮忙摇醒睡着的乘客，一会儿热心指引方向。东奔西走，只为确保大家都安全无事，最后到站却忘记下车的职场滥好人，可千万别当。

关键时刻，
"猪队友"比敌人还恐怖

曾在职场上遭人陷害，有很长一段时间，我习惯婉拒办公室的所有社交活动，甘心做个边缘人。直到某次偶尔失守，遇到相互契合的同事，彼此一见如故，从此无话不说，到哪都一同进出。刚到新环境若能有人理解自己的工作状况，下班还能一块儿小酌畅谈所有不快，听起来再美好不过。

再怎么铁石心肠的人也会被温情融化。刚到公司不久，与同事的共同话题不多，把苦水吐完也不妨听听前辈们的交战守则。分享生活琐事是对同事释出善意的第一步，从星座话题开始，看看能不能找出共同点，就算不是同一个星座，至少也要讨厌同一个星座。先产生共鸣，接下来的职场生涯就会顺利一点。

新同事L，一进公司就可以感受到她行事高调，出境行程、衣服、包都很讲究，从对高级餐厅的评价到男友开的车都与众人聊得十分起劲。

对比之下，我的生活就单调得多，不是公司就是家里，实在没什么可以聊的。L的生活不仅精彩，个性外向又有手腕，来公司没多久就跟大家打成一片，常听到她跟同事一起去做美甲、逛名牌特卖会。反观刚毕业的我，还停留在学生时期参加联谊的人际技巧，以既期待又怕受到伤害的心态观望。

部门同事都知道L的爸妈在美国，面试时，她曾表明每年会固定请长假探望父母。别误会我爱打探他人的隐私，这全是她热情的分享，就算不刻意听，她也会用渐强的音量送进同事们的耳朵里。

"所以你爸妈定居美国了？"

"对啊！剩我一个人在台湾。"

"你有绿卡吗？"

"快有了。"

"什么意思?"

由于她谈起这事的态度稀松平常,自然不会被设定为办公室的禁忌话题。午休时间几个同事在茶水间一起吃饭,聊起彼此的年假规划。

主管说自己要去欧洲旅行,另一个同事则紧张地说:"大家都要休长假出境,这样我们部门就剩不下几个人了。"

"还有谁要休长假?我怎么没听说。"

"L 不是要休一个月假去美国坐移民监①吗?"

你一句我一句的,没过多久,L 就被约谈。因为移民监不是一次长假就能解决的,要是移民资格到手,估计她做不了多久就会离职。绿卡事件在部门内发酵了好一阵子,还来不及等问题浮上台面,我就先行一步转职到了其他

---

① 指的是想要移民的人不能长期离开要移民的国家,如果离开时间长了,就不能申请入籍或者会丧失移民身份,就像蹲监狱一样。

公司。

> " 对同事再怎么交心都要守住一条底线，
> 公私分开才能保护自己。
> 今天的朋友难保不是明天的猪队友。"

或许 L 正踌躇着该怎么开口，让一个月的长假看起来情有可原；又或许她早已打消念头，正准备另寻他途。无奈同事自行脑补，将先前听到的串联起来，自行推断别人的心态与做法，不管有意无意，最后都招致了主管的误解。

并非坦诚才能展现大器的人格特质，也未必毫无遮掩就一定讨人喜欢。职场上彼此难免存在直接或间接的竞争关系，要是有把柄被同事抓住，不管有意无意，都算是伤害。**先拉出一条底线，别人没问的事情不用主动说；就算别人真问了，也不需要和盘托出。请保留私人空间，这会让你看起来有操守、有节制，姿态更加优雅。**

底线的深浅，因每个人的尺度而不同。在办公室，请

务必避免谈私事，杀伤力最大的是情事跟家事，其次是下班后的生活方式。平时跟哪些人往来，喜欢喝两杯还是混夜店，这些都有可能被拿来做文章；把私事摊开等于自曝弱点。L 的绿卡事件还算小事，被逮到机会直接炒掉的残忍场面更是极为常见。

职场求生法则

　　与同事再好，讨论私事也请务必点到为止，切记，关键时刻"猪队友"的杀伤力往往比敌人还大。

工作上的朋友，请离职后再深交

"威廉，他离职了，我也不想待了。"

参加一个同事的欢送聚会，吃完饭直奔卡拉 OK。快歌就蹦蹦跳跳，号召大伙儿通通玩起来；慢歌到煽情之处就把灯光调暗，含着泪水说想把它献给在场的每个人。人生经历过无数次的悲欢场面，K 歌包厢里的情绪剧烈转折，几个平时形影不离的同事，趁着几分酒意开始大吐真言，说到激动处还会抱在一起哭。

或许是看多了聚散，随着工作年限的增长，我从一把鼻涕一把眼泪哭着说舍不得、站在屏幕前嘶吼，慢慢退到沙发边、靠近厕所跟门的位置，帮忙递纸巾、拍吐，任凭身边人起哄也只是淡然。平常互动多的同事靠到我身旁，嚷嚷着说他也想离职。

那阵子公司扩编，几个月内招进许多新人。当时身为主管的我负责两个部门，没办法像保姆一样一对一细心照顾，于是就把自己当成幼稚园园长，建立起"老带少"的制度，让旧同事带着新同事尽快熟悉环境。找到归属感就能好好发挥能力，这是我以过来人的身份总结出的一套做法。然而，工作年限本身就是界线，新同事还是喜欢和新同事凑在一起。

他们的革命情感在许多看不见的地方互相支撑，他们会自己拉群，取一些荒唐又可爱的名字，打闹时不小心说漏嘴，其实还挺有趣的。当时我焦头烂额地背负着运营压力，没办法感受同事间的感情，见到新同事能喜欢彼此，倒也乐见其成。

听到文章开头的那句丧气话，蛮想拿起桌上的水杯泼醒他，纵使包厢再吵也会骂到对方听见为止。如此不理智地说退就退，气对方不成材，趁着几分酒意我才可以不顾场面，拿起麦克风说："唉！他说他也想离职。"把真心话用玩笑包装起来，听起来便不那么伤人。

刚出来工作的我也曾这么不争气，帮要好的同事打包好私人物品，一起搬到公司楼下目送他上车，然后自己躲到厕所里哭。少了熟悉的伙伴还是得活，擦干眼泪回到办公室，若无其事地打开电脑，表现出大人该有的淡定。

> 久了，明白自己不是这块料，每一次都煽情过头，渐渐清楚感情必须拿得起放得下，职场更是如此。

我试过几次，还是不习惯送行的难受，便决心不让同事往心里去，他们认为下班后的人际关系才是单纯的，最该花心思经营。看着同事哭哭啼啼，我能理解这种友谊，也曾打定主意不能同年同月同日生（入职），至少可以同年同月同日死（离职），将其作为职场友情的最高宣言。

心智年龄不够成熟的人，往往没办法同时处理好做人与做事的分寸。尤其工作前几年涉世未深，要好的同事很容易同一鼻孔出气，同进同退。**同进可以，但同退的疯狂行为就像殉情，要知道彼此是不同的个体，就算是相同的职位，也会因人格特质的差异，而有不同的工作表现，是否选择离职自然也不一样。**对工作没有期待，也没有预设目标的人，最容易被一时的情绪打动，觉得工作再换就好，唯有朋友一辈子都不能忘,这种想法实在有待商榷。

共进退的原因往往是缺乏安全感,少了对方的陪伴就觉得孤掌难鸣。我经常提醒同事:"你是来工作,而不是来交朋友的;你是你,他是他。"先后离职的两人,工作能力强的一方很快就能找到新工作;另一方若无合适的工作机会,就会始终飘飘荡荡。殉情的浪漫总敌不过另一方后悔的残酷,不管有意无意,最后一生一死的命运往往大不相同。感情终会生变,这是我的亲身经历。

在办公室里动了真感情,把友谊看得比饭碗还重要,奉劝这一类人更要学会保护自己。幸运的话,可以把浪漫故事演完,回归正常的工作节奏。另一种局面则过程惊悚,就算不是自愿要走,也会因党派标签被认定是一丘之貉,遇到人事斗争就会被一并铲除,下场悲惨。

> 职场求生法则
>
> 同事是同事,朋友是朋友,要是真觉得这人不错,麻烦离职后再深交。同甘苦共患难,最后被迫同进退的大有人在。善感可以,但要保持清醒,职场上没有永远的同路人。

太快地独当一面，
意味着即将进入停滞期

先前带过的编辑，我总会定期关心近况，到新的环境能不能适应，现在的工作做得开不开心。资质平平的人我反而不担心，只要给予正确观念，不忘提醒要努力，他们在职场上往往都能小心驶得万年船，以积极的态度紧捧着饭碗，表现得比谁都稳定。

反而有天分的人最需要追踪。天生是当记者、当编辑的料，举凡采访、专题或策划，带着做过一次就会，共事特别轻松；不仅一点就通，还能举一反三。但说来也很奇怪，这些人的职业生涯通常会走向两极：找对方法就开高走高；不然就开高走低，浮浮沉沉，有志难伸。

某天在工作场合碰到旧同事 C，照惯例跟我报平安，一脸轻松地说入职不到三个月就已经上手，老板非常信任他，不需要太多报备就放手让他去做，听起来是好消息。可没过多久，却听说他要去另一家公司面试。我主动私信他："听说你想离开，不是做得很好吗？"

对话框另一头的他似乎满脸愁容，不过半年他就已觉得无趣。C的反应向来很快，做起事来像乱枪打鸟，手法虽不纯熟，但比谁都有胆识，愿意身先士卒地尝试，别人还在思考他就已经击中目标，恰好符合新媒体求新求快的特质。他能取得初步的成功，我并不意外，但这么快就把热情耗尽了，想换工作的原因我倒想听听看。

工作年限不过两三年，就能在公司里独当一面，对很多上进心强的年轻人来说，绝对非常励志；但对做事谨慎，把职业生涯看得长远的人来说，听起来则像恐怖故事的开端。

先说说我自己，人生有几段经历简直是盲人摸象，没有前辈带领，只能边做边学，在小公司里特别容易有这类奇遇。刚练会几招花拳绣腿，就被推上前线打仗，这样的工作方式会让人误会自己天资过人，能在偌大的舞台挥洒自如。殊不知小公司因为体制不健全，根本没有标准可言，我完全看不出能力的高低，自然禁不起转职的考验。

幸亏 C 生性外向，结交到不少同业的朋友，也熟悉业界状况，清楚自己的能力，不像我当初，想要换到下一家公司，才晓得天高地厚。**无人干涉工作内容虽然自由，但他更期待能有个值得追随、学习的前辈监督着他，做得不好立刻点出问题；就算这次顺利达标，也能通过讨论，让自己更进一步。**

短短半年就产生耗损，他丧气地说："就只是把原来会的招数拿出来用而已，公司考核没有既定标准，很容易就达标获得称赞。但我还很差，应该还有很多需要学习的地方。"

> **公司给得了空间，但给不了成长，无人看守的状况下疯狂得分，不算好球员。**

很开心听到他能早早察觉到自身的不足，现阶段太过安逸是很不对劲的事。后来 C 顺利被国际媒体集团看中，前往下一站。他的职业生涯才刚起步，暂时无法判断能否顺利开高走高，但以这种积极的心态，就算薪水跟职位无法立即达到高点，也能让精神层面始终处于上坡状态，追求自我提升，亦是成功心法。**懂得踩稳每一步才能不枉天分，聪明容易迎来赞美，赞美却会让人一时晕眩。**除非退役，否则职业生涯没有哪一段不需要进步，自满容易让人松懈。

很快就能独当一面未必是好事，这意味着进步幅度趋缓，即将进入停滞期。停滞期就是一连串的消耗，心力、耐性和热情不断在反复又没变化的日子里，一点一滴地流逝。别安于眼前的顺遂，就算身处业界的龙头公司，也没办法拿眼前的环境条件作为标准，表现好坏都只是一时，无法放诸整段职业生涯，要有时常感到不足的进取心。

> 职场求生法则
>
> 格局大的人通常对自己异常严格，容易感到不满足再想办法满足。过人之处通常就是这样磨炼出来的。

直觉有时候会出错，
小心化友为敌

　　朋友很爱在脸书（Facebook）上分享心理测验结果。我不太能理解，通过第三方资讯来证明自己是怎样的人，这种心态究竟算不算空虚？基于好奇，我还是会点进去看看那些人们所说的神准测验，究竟会用哪些话术来说服我。归纳出几个关键词，只要提到第六感很准、直觉敏锐，通常十个人有八个会用日本女高中生吃到草莓蛋糕的腔调说："超准，我就是这样。"

　　直觉有一种魔力，连像我思维这么敏捷的人都会深信不疑。但职业生涯中有太多误人误己的事件，直觉究竟是对是错，起初的我找不到答案。

> 人生发生的种种都是经验，足够的经验可以归纳出对策，帮助我们判断好坏。

有一段时间，主管看我工作量太大，增聘了一位同事来支援我。或许是对自己的能力还不够自信，听到有人要来帮自己分担工作，我的直觉反应判断成"抢"，为求自保而把合作空间封死，心里将对方设定为竞争关系。新同事A没有太多业界经验，得有人带着她做。表面上，我尽量让自己表现得大方主动，扮演着前辈的角色。

她的个性温和但有些被动，起初几天常找不到事做，一闲下来就会走到我身旁小声问："威廉，不好意思打扰一下，看你好像很忙，有没有什么我帮得上忙的？"我做事向来习惯一条龙，突然之间也不知道该怎么分配工作；半生不熟加上一层戒备，只好送个软钉子，看着她踩着高跟鞋又缩回座位。

过了一个星期，她买了点心和咖啡给部门里的同事。好处送到面前，我挤出微笑说："谢谢，我不用。"偶然听到她在茶水间夸别人的裙子好看，上班不到一个月，许多行为看起来像是想拉拢人心，自然让我对她总是板着一张脸。

某次拍摄，我请A帮忙去拿艺人做造型用的衣服，搭着出租车直接送到摄影棚。一到现场想到人都来了,便请示主管能否让 A 留下来帮忙,没想到她爽快答应。知道 A 没有太多相关经验,我便先把她介绍给现场的工作人员,打过招呼后赶紧分配任务。趁着空当顺便解释了流程,要如何控制拍摄现场,遇到问题该怎么解决。心想多一个人支援,就让她的作用发挥到最大吧;而 A 的态度也很积极,逮到机会就问。

第二天到了公司,我发现桌上有一杯星巴克的抹茶拿铁,下面压着一张纸条,是 A 感谢我在昨天拍摄的时候教了她不少实务技巧。但我坚信"不要钱才是最贵的",不平白无故收好处,趁着她人不在,正准备把饮料放回她桌上,另一名同事走近制止:"威廉你干吗呀!就收下吧,A 说你教给她很多东西,昨天是她进公司以来最开心的一天。好不容易能跟你一起工作,又不知道该怎么表达感谢,这才打听到你喜欢喝抹茶拿铁。"

我眉头一皱,说:"嗯,好吧。"等 A 回到座位,我走到她身旁说:"谢谢你的拿铁,下次不要破费了。"往后共事的日子,证明了 A 是货真价实的甜心,并非虚情假意。

但直觉让我先入为主导致误判，扮演了反派角色；一个苛刻不领情的前辈，绝非我想要的开头。

职场也好，人生也好，在不断与人擦肩的过程中，有一套自己的识人之术固然重要，但更重要的是能不被直觉迷惑。就算新同事的举动看起来刻意，至少能鼓起勇气主动释放出善意，对个性被动且身处陌生环境的新人来说，已经很不容易了。

我总会提醒自己，随着资历的加深，包容力要更强。凡事眼见为凭，尤其对人，千万不要犯先入为主的错误。一开始急着论断对错就会主观误事，或许你眼里的马屁精，其实是生性贴心的人。对人对事都务必深刻感受之后再做判断。

> 职场求生法则
>
> 直觉没有对错，但要知道它只能作为参考。温暖的人能够放下成见也不预设立场，就算听过再多的恶言恶语，第一次见面时也能以无比宽广的胸襟，拥抱迎面而来的新面孔。若能拥有这种能让每个第一次见面的人都留下好印象的魅力，想不被喜欢都很难。

刷存在感有技巧，
适时出手才不易被淘汰

入职第一周的任务往往是熟悉工作流程、认识新同事，除了形式上的适应环境，**还想给刚上班的你一项功课——请仔细感受四周的工作气氛，精神状态务必做到随遇而安。**趁着还没有遗忘，回想应聘的过程，为自己列一份技能分析，对应到职位需求，短短三个月试用期最好能做到出手准确。

记得刚毕业那年，只要收到面试通知，我总会拼命想把自己推销出去，这种积极态度是我从书里看到的。但简历趋近于白纸，能使的力气有限，连一些不成形的作品都想拿来充数，告诉每个面试官我能做的事情有很多，就差没表演土下座[1]跪求录取了。由于我本科学的是设计,研究生虽然转往传播领域,但学术跟实务终究是两个世界,要叩开媒体大门只能出此下策。

后来顺利进入杂志社做编辑助理,主要负责文字工作,部门的编制为四五个人,偶尔也会支援美术设计改稿;本科的技能我没忘,还有一些基本的编辑工作底子,胜任工作绰绰有余。初期的生存策略是做个称职的伙伴,帮得上忙的我都会倾尽全力;越是被需要,就越有存在感,这个时期的我还算讨人喜欢。

之后,我的工作范围越来越大,从协助变为主事。当部门人手不足,两个美术编辑忙到焦头烂额,跟客户定的最后期限迫在眉睫,我便自告奋勇接下一份小型刊物的编排设计,约莫四页。主管评估过后便决定放手让我去做,下班前提醒我明天一早客户就要看到完稿。

---

[1] 土下座:即日式叩头,行礼之人需双膝跪地,以头触地。

区区四页竟耗费了我整个晚上的时间，光是熟悉软件功能就花了我好几个小时。原来"知道怎么做"跟"熟练"有着天壤之别，我根本无法在短时间内达到业界水平。从六点下班算起，等我排好第一页就已经接近半夜十二点。同事们都下班了，我也不好意思半夜打扰，烧脑烧到脑袋快要短路，边做边上网查，速度根本快不起来。

好不容易做完四页，天色渐亮。我把完稿发给主管和美术总监，骑摩托车回家洗了个澡再来上班。一到公司，我发现美术总监桌边放着一袋没打开的早餐，他紧紧盯着电脑，右手紧握鼠标。看似完稿的页面，有很多细节和设定出错，得一一调整后才能交给客户。主管先发信致歉，把交完稿的时间往后推迟，再跟团队说，等项目完结后再检讨，并委婉地提醒我，"吃力不讨好"说的就是像我这样的情况。

多年后，我曾碰到几个购物专家型的求职者，面试技巧跟当年的我如出一辙，把自己当成多功能事务机销售。刚好新媒体那几年时常闹编辑荒，常遇到简历洋洋洒洒，声称会写稿又会拍照，拥有个人粉丝专页，懂社群操作，还可以自拍、自导、自剪产出影片的人。面试时急着把技能一次摊开，在明眼人看来，确实有些不可靠。

> 专业，不需要经过太多指导，
> 表现就能达到基本水准以上，
> 简而言之，
> 就是兼具即战力跟质量把控能力，
> 不用别人跟在后面擦屁股的人，
> 才会被认定为有工作能力。

而不成气候的能力就请谦虚地说成兴趣吧，职场上凭借兴趣助人请以不扛责任为前提，挑适当时机出手会更加分。

工作刚起步时，若想创造存在价值，就从拿手的领域做起。上班第一天要你做工作技能分析，是为了能更精准地检测你是否符合公司期待。你来是为了补齐缺口，而整个部门的运作要靠专业，公司不求人人都懂得十八般武艺，尤其是编制完整的公司，多半不需要全才。如果你对其他领域有所涉猎，很好，不过如果视野够广但技能不专精，再怎么发挥实力效果都有限。

老是帮倒忙，会成为试用期员工身上的污点。自告奋勇地帮忙却换来吃力不讨好，这种既定印象一旦形成，就很难抹去，完美的伙伴永远是被放对位置的拼图。

职场求生法则

别把工作技能一次都抖出来，挑个适当的时机出手会更加分，让你的存在价值变得不可取代。与其样样都好，不如先建立能力上的个人识别度，让团队少了你不行，自然就安全了。

不擅长的事达标就好，
排斥等于壮大对它的心魔

每逢月底，我的心里总会压上两块大石头。一块是户头见底让我寸步难行，连买杯星巴克咖啡都要考虑再三。幸好后来便利商店引进咖啡机，才让我还能保有一点上班族的尊严。能够手拿一杯热拿铁咖啡意气风发地走进办公室，是我的战斗力指标，这样，就算一整天过得再窝囊，也能支撑下去。

另一块大石头是做报表，例行月报和账目是让我屡战屡败的大魔王。对文科生来说，打开 Excel（电子表格软件）就像要跟前任见面，事先得做很多毫不相干的准备。多半是无形的心理建设，像抽烟、深呼吸、去楼下买杯饮料犒赏自己，并且前一晚要睡足，再三确定这段时间无人打扰。等到无路可退就一鼓作气地冲到厕所，洗把脸，告诉自己再躲下去不是办法。然后回到座位戴上耳机，拿出厚厚一沓文件和收据，用鼠标点击两下软件进入备战状态。每个月截完稿，还不是开酒庆祝的时候，照着公司流程，我得先结完账并填妥相关表格，送交主管和财务部门，隔月薪水才会顺利到账。

想策划案、采访、写稿、拍照、做造型，编辑的职务范围都是我喜欢的事，一路走来心怀感恩，能够把兴趣和工作结合，已算幸福，偏偏一听到报表我就手脚发软。数学向来不是我的强项，看到数字，脑袋会先空白十秒。月底我总是盯着屏幕发愣，必须拖到最后一刻，整沓单据才随着公文夹送出。

天真如我，曾泄气地说薪水少给一点没关系，但可不可以把报账、填写单据的行政工作分出去？主管立刻推头并用训斥的口气说："在讲什么傻话，赶快弄完，赶快下班。"**在体制内做事，所有流程都得文件化，规模越大的公司越是这样，再怎么抗拒也无济于事。**我只得乖乖听话，就算被迫也必须做到仔细，以防出错重来，承受第二次崩溃。

我的习惯是留出一整天时间全神贯注地处理表单。要是当月出差，单据就会像病毒增生，需要两天才能完成。后来，我决定想个办法让我做起来不费吹灰之力。灵机一动，我跑到办公室另一头，请教全公司跟 Excel 感情最好的财务及管理部门，趁着工作空当向他们讨教。果然经高人指点后就是不一样，我学会了分散处理的方法，把每月例行要填写的表单分摊到每一天，不再累积到月底一次核销。

趁着刚入职热情满满，心理状态还算不错，**要想办法将不擅长的工作项目变成流水账，让它的存在感小到像把物品顺手归位般轻松简单。**

> 别拖也别消极应付，看起来微不足道的
> 烦恼，也有可能成为心魔，
> 压垮我们对工作的热情。
> 最后，任性地丢掉整个'便当'，
> 活活被饿死的大有人在。

工作不像自助餐，不可以只夹自己爱吃的；反而比较像配菜随机的盒饭，只会提供鸡腿或排骨的主菜选择。如果解开饭

新人的生存哲学 _Chapter 2

盒上的橡皮筋，打开后发现有卤蛋，有卷心菜，有豆腐，还有最惹人厌的三色蔬菜，你没办法不吃，该怎么办？对于毫无兴趣，甚至称得上厌倦的工作内容，多数人会先选择逃避。但逃避无济于事，绕了一圈还是得面对。填写表单的例行公事就像盒饭里讨厌的配菜，既然扔不掉，就从正面迎击吧。

当职位越爬越高，工作更是没办法说放就放；做不来就换工作的心态，说穿了是知难而退，遇事就躲，到头来会让人一无所获。**练就不挑工作的本事，才能走到哪都容易生存。很多职场基本功都是做一些食之无味、看似无聊的工作项目，却经常意外受用**。若换成自由打零工的身份，凡事都得靠自己，更需要不挑食的积极态度，你会更庆幸当初耐着性子培养了一套应付恐惧的能力。

> **职场求生法则**
>
> 不可能有一份完美的工作，职责内容一定有你擅长与不擅长的。若嫌无聊，肯定是你把工作想得太简单。想追求越高的成就越急不得，务必要有看遍风景的耐心。试着把注意力放在擅长的事情上，不擅长的事情达标就好，排斥等于壮大对它的心魔。

过度依赖热情，
就是逃避现实

选秀节目让我们了解到适者生存的游戏规则，就如同职场招募进来的员工不适用，虽然职场不像选秀有固定时间就得送人离开的淘汰机制，但职场何尝不是适者生存？该去该留由不得人。

学生时期，我们几个从南部来的同学感情特别好，联系从没断过。A是高雄人，我们一起在系办打工。她太漂亮了，漂亮到像老师傅手工精刻的石膏像，触感细腻滑嫩，个性也是。而我就是一把铁锤，一头尖一头平，动不动就敲敲打打，靠蛮力创造存在感。收到她的喜帖我特别开心，婚宴当天，特地南下高雄。同桌全是多年不见的南部人，我坐在C跟M旁边，脸书上的热络让我们仿佛昨天才见过面。

"我们到底多久没见了？"

"严格来说，是从毕业典礼的第二天起。"

撑不住北部的湿冷，同桌的同学毕业后纷纷选择回到老家生活，剩我一人还在台北拼命。我一心想证明自己，面对陌生可以无惧，相信自己总有一天会强大到足以担起大大小小的事，斩断后路的决心让我做起事来特别有韧性。

> 无论是生活还是职场，
> 要在不熟悉的环境生存，
> 光靠一时的热情行不通，
> 得先学着接受现实。

顺应残酷，万一跌落谷底，只要没退，就还有胜算。 坚持不到最后，前面再多的热情都是空包弹。升上主管后的我从制高点看，对此特别赞同。部门内的 E 总是让我又爱又恨，他能力不错，可惜做事投机，总是撒一些不成气候的谎。要是绩效达标，我会睁一只眼闭一只眼，但他已经连续好几个月表现失常，拖稿情况严重。办公室传言他正积极投简历，想跳槽到其他公司，同时有好几个人来告状说他接私活。

我向来有话直说，而E也没打算隐瞒。我耐着性子听完他的一整段发言，但显然他已无心在此，我说再多好话都听不进去，他只是不耐烦地回答说："我就是不想做了。"面对带有情绪的话，成年人不好直接反驳。我说："嗯，我明白了，下星期找时间再谈，你先下班。"让彼此冷静，同时也给自己腾出时间来思考人事异动的应变措施。

回到位置，先喝两口咖啡压压惊，我决定不跟HR报备谈话结果，想赌一把留住他。入职一年多的E，职责范围算是驾轻就熟，曾提出想跟其他同事交换工作内容。但这无疑是自杀行为，不仅能力要求不符，对我来说，等于要重新训练两个员工，时间和人力状况都不允许我冒这个险。况且，如果每个人都可以随心所欲地选择工作内容，那么，挑剩下的谁做？

"威廉，我对这份工作好像失去热情了，做什么都好没劲。"

"当初进公司前,你设定的目标都达到了吗?"

不急着确认去留意愿,面对一脸厌世的他,我想找出他当初热情的源头。于是翻了他求职时的简历,当时仍是个充满理想的年轻人,而此时此刻激情熄灭的无奈,反映在他开高走低的工作表现上。当时面试他的主管,给他开了不少空头支票,不光是找图写文案,还承诺他可以接触造型、访问艺人、拍摄专题,至今却一项都没有兑现。

还不到被淘汰的边缘,就因为热情消失,选择自爆。

之后历经人事改组、部门扩编,有比他更优秀的员工加入。眼看离目标越来越远,E才开始动摇,尝试跳槽却不断失败。可惜这里是职场,不像学校还有回家作为退路,放弃了这一次,还会有下一次;用热情来支撑工作,根本是自欺欺人。我试着把E拉回现实,谈谈这一年多的收获,距离理想除了运气,还少了什么?

我反问他:"你的热情来自哪里?"E躁动的情绪终于平静下来。接着我提醒他工作的动力应该是成就目标,而不是体验新奇。职场不是游乐场,热情确实在入门时推了我们一把，但要走到目的地，不能光靠一时的推力，这里是战场，要输入的指令是"活下去"。**能一次、两次把同一件事做好是投机，能把一件事情做好十次、二十次还不够，做一百次都不出大错才是实力。**

> **职场求生法则**
>
> 职业生涯是一段漫长的路，得把目光放远，设定好阶段性目标。热情是兴奋剂，可以让人再辛苦也不觉得累，但过度依赖就像给自己灌迷魂汤，终究不切实际。倒不如回归现实，拿出韧性直接面对，才能练就赖以生存的真本事。

让资深同事告诉你
公司的生存之道

　　从上小学开始，我总是自愿举手当班长，乐于领导大家，不管换到哪所学校都一样。就算不当干部，我也习惯于吆喝众人。学生的身份包袱不多，可以义无反顾地冲，管他目中无人还是自信有余，都能解释成热血。

　　青春嘛，就算滚烫的程度足以灼伤自己，也灼伤旁人，但仗着年轻，伤口痊愈得快，很快就可以被其他事冲淡。**虽然天真很难得，但走上社会后再狂妄，现实会立刻报以重拳，让我们清楚天很高、地很厚。**

> 生存不是靠着将别人踩在脚下，
> 和谐共生才是更好的选项。

职场是一池深不见底的水，一不小心你就会溺毙。头几年工作时，我仍保有该死的赤子之心，每到陌生的环境总是鲁莽，遇到好同事便百般配合；运气不好就一块铁板飞来，敲得我头破血流。靠着蛮力闯，总换来一身伤。

时间久了，我到了新环境没本钱又如此天真，每次都花力气不识相，再花力气收拾不识相的残局，来不及吃喝就已经气若游丝。初来乍到的我想把屁股坐热得靠点巧劲，**在当上领导者之前，得先学着当追随者。就算是天生有神力可以无师自通，也千万要记得找资深同事，探探新公司的深浅。**

吸取先前的教训后，我决定找识途老马带路。刚从传统纸质媒体转到新媒体，有些生疏，再加上没有太多实战经验，头一个月我不惜用双倍的时间摸熟网络环境。月刊杂志以三十天为周期，新闻网站则没有周期可言，二十四小时都在战斗。当时恰好赶上脸书的粉丝团盛世，流量像山洪暴发，以文章为渠道引流，将点击率换为现金的商机太销魂。

多数网站的经营策略是扩编,聘请更多编辑产出更多内容以换取流量。若非抱着打死不退的态度,决心不再走回头路,上班第二周就开始加班的苦差事我肯定不干。但比起把事情做好,让我更伤神的是怎么和同事处好关系。一下子就跟大伙儿打成一片,装熟我办不到,但我想了解每位同事的行事风格,这对沟通顺畅来说绝对有利无弊。

某天加班到九点多,办公室剩我一个人。我听见有人开门,原来是业务部经理结束晚餐,回公司整理第二天的开会资料。入职不过一个月,熟人仅止于邻座的同事,而经理是全公司仅次于老板待得最久的员工,我向来都会刻意防守,不轻易在前辈面前太表现自己,生怕一不留神就踩到地雷。

趁办公室只有我们两个人,我顺势讨教起客户的情况,没料到话题就此迅速展开。当然不是深夜办公室的谜片情节,这一聊就是三个多小时,从公司草创时期说起,从运营状况讲到人事流动,掏心掏肺到连做杂志的理念与热忱都翻出来坦诚相见。见气氛融洽,我便单刀直入地问:"流动率那么高，为何你还留着？"

他说："一半是热情，一半是习惯。"

刚转换领域的我多得是热情，于是厚着脸皮进一步讨教如何"习惯"这里。他毫无保留，跟我分享每位同事的做事习惯跟底线，从上到下，包括会计、编辑、业务。甚至教我，想让生性保守的老板付出成本尝试新方法，得先用绩效作为敲门砖，备妥业界实例（最好是竞争对手）来推估盈亏，利大于弊就很有机会成功。

这段谈话弥足珍贵好比口述史料，从公司元老口中说出来特别具有说服力，省去我不少力气——尝试，更能避开失败的风险。第二个月还没结束，我不仅将手边工作处理得游刃有余，还很快就找到跟同事合作的默契。虽然人手不足，但团队齐心，工作量虽重却也不是太大的问题。

有一次在茶水间碰到老板，突如其来的一声感谢让我相当欣慰："威廉，能请到你是公司的福气。同事们都称赞你，也很喜欢你。只要你愿意，相信这段合作关系会很长久。"那是我入职第三个月的第二周，试用期提前通过。多亏有老马引路，我才能不费吹灰之力就探出生存之道。

> **职场求生法则**
>
> 每到一个新环境，要想将工作做得称职，就得识相点儿。靠点巧劲多询问资深同事，了解主管与同事的行事风格，绝对是利大于弊。

Chapter 3

工作不厌世
的求生指南

别人的成就不属于你，若想有一席之地，请按部就班地努力挣、努力爬。职场如战场，务必拿出真本事战斗。

努力是应该的，
别总是拿它来说事

"此刻的你，想回过头跟刚踏出校园的自己说什么？"每隔一段时间，我都会拿这个问题问自己。

同学在毕业册上留言："人称小聪明达人，著有设计系求生法则之旁门左道一百招。"只求顺利毕业的我，大学后半段烂尾。好一阵子我异常茫然，直到决定转考传播类的研究生才看清前方的道路。

对我来说，毕业是个相当重要的分水岭，攸关往后的做事态度。得到第一份工作的时候我异常兴奋，握着拳头打算好好重新做人，我跟自己说："在学校对得起自己就好，接下来的人生即将步入职场，我要你学会对得起别人。"

头几年，一颗玻璃心还没被磨成钻石，只要听到别人要我再做一次，就会怄气怄到窒息。起初会急着向主管辩解过程有多辛苦，希望他手下留情放宽标准，不要让我全部重改。时间久了，开始对上级的指示不服气，解释变成争辩，立场坚决，极力想捍卫自己的观点。然而，过程再怎么激烈，通常改变不了结果，还是得耐着性子重新来过。

> 职场上，未达标准就等于出错，
> 一次又一次地退回其实是给我机会弥补。
> 当时却不懂这是善意，
> 能够重新来过是好事。

终于，我把打死不退的态度转化为达成高标准，不再强辩理由。一倍努力不够，我就两倍、三倍地往上叠加，只为了一次过关。曾经半路接手同事的艺人专访，事后整批照片被总编辑否决，桌机一响，我走进他的小办公室：

"照片全都不能用，从场地选择、服装搭配跟人物神态，全都不是我们杂志的风格。除非重来，不然我得抽掉这篇专访。"

"艺人已经回美国,有没有办法将页数减少,专访还是照样刊登?因为要采访到他不容易,对方还得为此特地坐飞机赶来台湾。"

"我没法管那么多,我的职责是管控结果。总之,这些照片不能刊登在杂志上,你想办法跟经纪人沟通。"

"可不可以通融一次,我们讨论一下有没有折中的方法?"

"我能通融的就是重拍,你哭也没用。"

"可是我已经很努力了。"

"那表示你努力得还不够。"

友藏[1]的旋涡将我吸到地心狂转,这么大的人还是不争气地红了眼眶,十分自责。总编辑反问事前做过哪些功课,要我把拍摄过程一五一十地说清楚。最后发现盲点不

---

[1] 友藏:日本知名动漫《樱桃小丸子》中小丸子的爷爷。

在事情本身，而在我以为的够仔细、够努力，说穿了就是标准太低。

走出办公室前，总编辑特地提醒我工作上别太自信。**尝过失败的苦果后别忘了"不二过"，聪明的人不容许同一件事错两次。**回到座位，我硬着头皮打电话给经纪人说明照片的问题，先为自己专业能力不足道歉，之后提出希望有机会重拍。对方破口大骂是预料中的事，只能不断地赔罪。挂上电话，我拨内线给总编辑，转述对方说永不合作，摆明是撕破脸了。

总编辑深吸一口气回答说："那就这样吧！这是一次很好的教训，你要记住。"后来我成了别人的主管，扛着同样的责任。在一群毫无资历的新编辑里，恰巧遇到仿佛当年善辩不服输的自己，纠结在自认努力的圈子里走不出来，从消极、挫败到刻意唱反调，进而煽动他人，明着不行就暗着来。

离职后，几个带过的编辑说现在才知道我是好人，只是当时不明白我为何要处处刁难，时常退稿、要求重写又完全不听解释。我感叹："**每个人都觉得自己够努力了，可是工作认真本来就是基本，有标准才会有要求。**我愿意花时间讨论、找出方法，工作量巨大不允许我们白费时间，解释之后还是得重做。而且一篇稿重写三次，我就得花三倍时间看三次，到底是谁在刁难谁？"

当年被勒令重拍的挫败感一直没忘，往后的我丝毫不敢有得过且过的心态。谁不是铆足了劲在职场上拼搏？如果不是，那样的环境就不值得停留。要成就强大的团队，就得确保每个成员都拿出最好的表现，办不到就是拖后腿，注定会被淘汰。

> 职场求生法则
>
> 回过头看踏出校园的我，同时也是初入职场的我，最希望当时能早点明白这句"我已经很努力了"一旦说出口，就表示自己做得还不够。失败就是失败，别拿努力来说事。

专注是把无形剑，
能够帮你铲除眼中钉

同事 K 走出老板的小办公室，眼眶泛红还残留一点泪光，就知道他刚使完苦肉计。接着看谁的桌机先响，就大概可以推测两人刚才谈话的内容，应该与近期跟某些同事在工作上的摩擦有关。所有人心里都有底，待会儿谁被叫进去，肯定会臭着脸出来。

拿别人的私人消息来献祭，实在很令人困扰。打小报告的人，不管在学校还是在职场，都不受同事欢迎。偏偏这种人生命力顽强，往往在组织里最能生存，不管明的、暗的、硬的、软的，我试过几次想解决"抓耙子文化"，不仅无功而返，还耗尽血条，最后只留得一口气喊冤。

"威廉，你是不是不喜欢 K？"

"没有啊，怎么会这么问？"

"因为每次他跟你讲话,你都很不耐烦,特别冷漠。"

自以为藏得够好,可我对同事 K 的反感还是骗不了人。基本的礼貌我办得到,不过一忙起来,身体太诚实,不耐烦或冷漠便会下意识流露出来。对同事的喜好太过明显,这种个性让我吃过不少亏。还好崎岖的路走得久了,我顺理成章地变成了识途老马,知道**凡事要淡然应对,不以喜好待人接物;不管心里有多少杂念,一律得一视同仁。**

一旦对外泄露不喜欢谁,很诡异地,就会形成一块巨大的负面磁铁。任何关于他的不好,都会通过所有管道迎面而来。聊公事聊到一半,同事总会有意无意地语带暗示,最近 K 有哪些荒唐行为,听说他要接任我的工作,有传言他要升职,等等。或许是热心,但听在我的耳朵里特别敏感。这种话题要是多了,心会很累,通常我会出言制止,加深嫌隙对彼此实在没有好处。

因为,讨厌一个人可是很费力气的。

早些年,我还没那么沉得住气,对非我族群的同事习惯性地保有戒心,自然而然地划出一条护城河,将不对盘的人隔开。在我眼中，与喜欢打小报告、抱老板大腿的人相安无事绝无可能。正义感作祟，我总会想办法防止事情发生，跟在后面消毒，希望要好的同事不被影响；更希望办公室里的中间选民，可以看清真面目，知道要提防小人。

同时，我还会想尽办法搜集人证、物证，等待时机成熟就一举揭发。拟订一套作战计划，暗地里积极进攻。看到讨厌鬼的嘴脸实在闹心，要假装没事共处一室，这我办不到。卷起袖子拿扫把用力一挥，将他扫出公司大门，是脑海里不曾断过的想象。可惜天不从人愿，我的正义不曾伸张成功过。

反而在耗尽心思对付的同时，顾此失彼，忽略了原本该做好的工作，太多小动作占用掉做正事的时间。**耳语虽然烦心，但力道有限，只要不碍事就应该置之不理，千万别误了工作**。流言成真就等着黑上加黑，腹背受敌的下一步就是四面楚歌，他没走你却先走了。

野心大的人请拿出真本事碾轧，死斗的结果就会演变成谁去谁留的人事问题。公司对员工的信任建立在绩效贡献上，表现好的人说话自然有分量；表现不好，就算握有再多证据，在旁人看来也像是刻意拖后腿。纵使再有过错，最后一定是对方被保留，每一次都是。

> **不攻自破是不见血的战术，比憎恨对方、引起战争更好的对策是'无视'。**

知道 K 处处挖坑我并非全然无感，我虽然表面又硬又直，骨子里却敦厚，容易心软，不爱恶斗。于是决定采取折中做法，试着用和平的方式来拔除心头刺，专注于眼前的工作，用更好的表现来破除流言。我不愤怒，也不因谁相信了他而灰心，而是把听到的负面传言当成提醒。成效至上的职场环境正好是我急需的助攻，当对方的各种手段袭击而来，我就当成练胆。

职场求生法则

做大事的人不能太容易被小奸小恶绊倒，要展现过人的心理层次，将力气花在讨厌的人身上太无用。专注是一把无形剑，能帮你铲除很多眼中钉。千万别顾此失彼，因为在意过头而影响到该有的表现。

上司与部属如婆媳关系，
处不来对自己有百害而无一利

2008 年北京奥运会前夕，各家媒体抢做奥运专题。约莫二十人的会议，所有部门主管和老板都在，无不绞尽脑汁。当时我入职不到一周，突然被点名要拿个想法出来。我建议印制赛前快报，制作结合两岸三地明星选手的专题，先炒热一波气氛。

业务部的主管先是叫好，总编辑称赞想法不错，提议将快报拿到比赛会场人工发放。我急忙提出不可行之处，因为赛程太多，场馆占地太广，印量和派报人力很难估算，将是一笔很大的开销。总编辑建议挑重点赛事发放即可，我又补充一句："我怎么想都不可能。哪些是重点赛事？到现场要站在哪个点发？在赛程未公布前，我们完全没有概念。"

见他突然一时语塞，气氛安静到连额头上的汗都渗得出声音。旁边的同事踢了我一脚,示意我闭嘴。我不懂为何这么紧张,不就是讨论吗?午餐外出,同事见四下无人拉着我说:"你刚刚好威猛,是在打老板的脸吗?"听到打脸,我立刻惊醒,回想刚才的对话确实没留情面,也没察觉到对方(而且还是主管)的情绪转变,听起来很像得理不饶人,瞬间呆掉。

年轻气盛的人不管在哪个环境从没想过融入,向来我行我素,坚持自己一套"对的"做事方式,回头才发现这叫自视甚高。太靠感觉行事,连与人相处也一样,会造成两极评价。职业生涯里,处得来的跟处不来的同事与主管,比例各半。很有个性没错,但成为锋芒毕露的人,对自己其实有百害而无一利。

同理心不仅是对弱者,更要拿来对待每个在职场上与我们交手的人,让对方感受到彼此站在同一阵线。就算观点不同,不认同彼此的做法,也可以通过情感来软化原本针锋相对的气氛,腾出一点沟通空间以寻求共识,只有好处没有坏处。

> **跟自己的主管处不来，这份工作早晚要丢。**

将上下级关系比喻为婆媳关系，就会找到许多解套方法。若主管爱碎碎念不做事，为人下属就多担待一点，让他没有你不行；若主管观念陈旧又不肯改，处处压着你，多少是对自己的能力没自信，配合着扮演弱者是高明的体谅，默默努力别刻意争输赢，学习以退为进。

不给机会出头的主管就像恶婆婆，在他眼中，你不服管教又老是唱反调，自以为很行，就像个不孝的媳妇。当恶婆婆遇到不孝的媳妇，免不了一场战争。一个家老是吵吵闹闹不能算幸福，既然你们一前一后都把青春给了这个家（公司），光想想就觉得心酸，要抱在一起哭才对，不应该选择斗争。

主雇关系的权力层级非常绝对，一旦形成对立可没那么温情。并非为人部属就要有奴性，聪明人知道看场面，挑起争执没有半点好处；就算处处占上风，最后将对方狠踩到底，也只是一时爽快。去留大权操之在主管，谁输谁赢还不知道。

既然要生存就要避开任何不利于自己的事情。想在同事间做到出众，得花不少心力。倘若主管无法成为助力，还反过来想办法推你落马，那是最不乐见的局面。

我明白糟糕的主管，经常让下面做事的人很辛苦。最差的情况是合则来，不合则去，但通常去也不会是他去。那场会议结束后，我敲了两位主管的门道歉，其中一位是当初面试我的主管，还有一点包容空间。他说："威廉，你的建议其实没错，但表达方式会让人觉得主管们好像都很笨。我不像你那么聪明，反应又快，而且年纪大的人需要自尊，下次打我脸请温柔一点。"

当下我头低得更低，让长辈吐出这番话，非常尴尬也非常愧疚，道歉不够再弯腰鞠躬。此时放低姿态虽为时已晚，但良性沟通可以修正问题，让彼此觉得舒服，是我需要好好修炼的本事。

> **职场求生法则**
>
> 恶婆婆的行为再荒唐，学习对不合理的事情妥协，会让人输了局面却赢得信任。就算你内心认定对方没水准，或许一起做错、一起修正、一起成长是职场中必要的浪漫。

别轻忽承诺，
别人的时间更是时间

"抱歉打扰一下，已经二十号了。说好今天要给出进度，我上午打开邮箱还没收到，请问手上的项目进展还顺利吗？"

"我知道啊，到晚上十二点前都还是二十号呢。"

"……"

以上是我跟合作写手的对话。由于业务量过大，因而委托部分内容让他执行，外包给资历够的前辈多少可以安心一半。没料到交件日到了，先是失联，好不容易用不显示号码的手机号打通电话，资深的老前辈突然间厚着脸皮耍赖，让我手足无措。

躲件像躲债，天灾人祸都能酿成迟交的理由。早年常听到硬盘损毁、电脑死机或中毒无法工作，附近施工导致网络不稳等情况，手残误删存档、U盘被格式化都时有耳闻。要不然就是伤风感冒四肢无力,要带家中的小孩老人去看医生;甚至遇到过直接说自己失恋,没心情工作要我再多给一点时间。

身边不乏被虐体质的创作者,交稿的最后期限逼近才能激发灵感。赶得及还好,我听多了三催四请、用尽各种荒唐的理由推托,最后人间蒸发。等到作品完成,才又风尘仆仆地降临凡间,出现在世人面前。我只能安慰自己说对方是艺术家性格,生来不喜欢受拘束,追求随心所欲的洒脱。

信用是凌驾于能力之上的职场守则,对于打零工维生的自由工作者更是如此。

职业生涯前期,我是见到棺材都不掉泪的重度拖延症患者。待在体制里做事有个好处,背后有公司当靠山,出了纰漏有同事帮忙善后,再离谱总有个限度。但自立门户的命运就大不相同了,凡事得靠自己,没有外援。有一阵子我无项目可接,存款见底,厚着脸皮回头去找合作过的厂商,借着佳节问候,试探有无再度合作的可能。其中一位熟识的人,或许是因为多了一层朋友关系,在对话框里直言:"威廉,你的作品质感很好，但上次拍摄迟到我们主管很介意。事后交东西也是三催四请。那次之后，我们就决定找其他人了。"

> **时间管理失当是最常见的信用缺口，玉石再美，也会因瑕疵而失去价值。**

崩溃无济于事，必须立即改正自己的缺点。珍惜机会不是嘴上说说，于是我开始将项目管理的技巧应用到生活与工作中。不论大小，每个合作项目都制成表格，列出具体的工作项目。每一项都有独立的时间表，作业流程尽可能做到仔细，按表操作。时间管理最大的敌人往往是自己，别太看得起粗估的工作效率，要拿出最佳状态作为基准。例如，三小时做好一份策划案，一定要精算到这三小时是全神贯注，还是磨磨蹭蹭才能完成；最后能交出十页或二十页，其中的内容需要多扎实，才能符合对方的要求。

至于需要动员其他人的大型合作，我会问清楚工作人员所需的时间，事先协调并预留应变空间。不压着最后期限做事，在有余裕的状态下合作，才有可能使成效最大化。

我用大半年的时间，展现不超时也不拖延的专业态度，才总算赢回所有人的信任，培养出不间断合作的忠实客户。

掌握时间只是承诺之一，说到做到听起来简单，真正实践才显得可贵。虽不至于开天窗，但合作起来心惊胆战的结果就是不会再有下一次。无论作品如何出色，被拒绝往来也是早晚的事。**治疗拖延症我自有一套解决办法，把截止时间往前提，对自己、对别人都别松口真正的最后期限，预留至少三天到一周的工作日作为转圜**。这是那些年在职场放羊的孩子（包括自己）教会我的事。

少不更事时，没见识过承诺的重量，博得通融就觉得侥幸过关。没料到一次次有意无意的欺骗，让许多共过事的人对我失去信任。等遇到突发状况，真正需要转圜余地时，却碍于先前有太多不良记录，而无力回天。

> **职场求生法则**
>
> 职位越高，越能感受到一诺千金的必要。不管是体制内或体制外，对上或对下，要明白所有合作关系都建立在信任之上。别轻忽承诺，给人留下好印象，这样就算万一出错，也能保有改过的机会。

释放善意，
让每个人都喜欢与你共事

　　由于个性耿直，容易说话不长眼，我时常让自己过度真实的反应成为流弹误伤旁人，损人也损己。放枪的习惯一时要改也改不了，就干脆收敛起来，只敢在熟人面前尽情做自己。乍到一个新环境，索性躲进古墓当小龙女，不问世事。无奈只要人在的地方就有江湖，既然选择加入体制，就没有办法置身事外。于是我埋头苦干，用寡言制衡失言；上一份工作曾犯下的错，这一次绝不再犯。

　　虽然在职业生涯路上经历无数次的派系斗争，我却始终无法久病成良医，反而消极逃避，发现苗头不对就立刻划清界限，生怕沾惹到一丁点政治色彩。不管躺着、坐着、站着，都担心中枪。入职第二个月，经由邻座同事邀请，我加入了每个公司都有的私密群。成员不外乎除了管理干部的所有人，还有少数同事不在内；至于为何没加入，原因应该很好猜。

私下庆幸自己通过测试,进入了基层同事的信任圈。群里的话题多半是垃圾话跟抱怨,偶尔有小道消息可以用来趋吉避凶。遇到批评主管这类辛辣的话题,我便选择默不吭声或打哈哈带过;遇事随和不乱出主意,是我的不粘锅守则。

> **无论个性再怎么内向、孤僻,
> 千万不要在团体里面成为个体。**

先从学习与少数人互动开始,不用急着掏心,但至少要保持友好关系。别一开始就排斥人群,自我边缘化,单打独斗很耗神。但是盲从附和并非就是保命符,选在危急时刻展现智慧,刀没砍到自己身上就别轻易出手。纠纷是难免的,要学习无动于衷,地位才能稳如泰山。

我不清楚新公司的权力脉络,只听见同事们总有意无意地批评早几个月到任的新主管,对此我其实相当无感,毕竟自己也是一只菜鸟。当部门同事发起联名到老板办公室请愿,以不胜任为由请求辞退新主管的革命行动,为不枉费前面中过的枪,我一开始选择不参与。没料到竟被质疑是新主管的人马。为了不被孤立,我最后只能选边站,在那份请命书上签名。

天不从民愿,老板震怒之下整件事进入检调程序,签名的同事被一一约谈。我据实以告,表明碍于群众压力加上不想被贴标签,才昧着良心签名。这件事我处理得非常不妥,导致里外不是人。有好一阵子我总是默默上班,再默默下班,同时找新工作,打算远离是非圈。

当时的我抗拒交际,事情做完就走人,却没想到这才是真正的对立。所幸邻座是一位善解人意的同事,不管做什么总是拉着我一起,不时送来温情关心,才让我不觉得办公室如此冰冷。于是我决定改变策略,就算要走,也不想因为被鄙弃而离开,希望每个同事都能感受到我的好、我的认真。不粘锅策略失败,上头还粘着半生不熟的食材,不如加点水用慢火煲出一碗好汤,暖暖大家的心。

之后我化被动为主动,有忙就帮。碰到需要合作的工作项目,也表现得很积极;就算自己的部分已经收工,也会留下来一起讨论、复原场地,确认每个人手上的事情都做完了，才放心离开。坦白说，我很喜欢改变心态后的工作气氛，每天都像有一件好事正在发生。

人际关系是很微妙的频率共振，放在职场则是以利益为导向。当你能够创造出正面的工作气氛，尽力表现出该有的水准，自然就不会有人去计较选边的问题。**人人都乐于与你共事是公司最重视的存在价值。相较于工作表现，那些破事显得微不足道，这才是职场中最该有的态度与智慧。环境越是阴暗，你越要能够发光。** 当每个人都拼了命想向你靠近，花若芬芳蝶自来的道理你自然就能感受到。

放下无谓的臆测与伪装，原本的我就是积极热心的人，一路维持该有的良好互动，留下好印象。这让我离职后还有老同事相助，尽他所能地发项目过来，那段转职的空档期才不至于难熬。

> **职场求生法则**
>
> 抗拒交际像自断活路，职场有很多机会是需要靠人际牵成的。尽可能跟每个人保持良好互动，可千万别傻到树立敌人。

与其据理力争，
不如让事情发生

转到新媒体后的我有太多事必须学习，最受用的是学到让错误发生，失败的回馈才珍贵。我原本所在的纸质媒体算是传统产业，做事规矩像工匠技法，历经世代传承的手艺不容许有误差。最保险的方式就是照着前辈们积累的程序执行，才能不失完美。

"一直以来的坚持"成了最终教义，感染着在传统产业做事的每个人。久而久之，自己的技术跟判断眼光，也有着同样不容退让的职人精神。升为主管的我做事态度更加严谨。字字句句掷地有声，拥有不可撼动的观点和决策力的人，是我一直都想成为的人。

有着原来传统纸媒做内容的匠心，我到新媒体的头一件事就是调整质感。看起来像是大量复制而来，语义不通顺又错字连篇的文章，通通退回请编辑重写。对图片品质也有很高要求，挑选的眼光和产出的能力都是我训练编辑的范围，初期获得不少读者的正面肯定，让我增加不少信心。

> **过度自信会让自己成为令人反感的老古板，冥顽不灵只敢打安全牌。**

品质顾到了，接下来就是量。靠着大数据判断内容的好坏，竟成了所有挫败的开端。好几次精心制作的专题最终网友不埋单、点击率寥寥可数的情况越来越频繁。这让我在与其他部门主管沟通时爆发争执，究竟谁该听谁的，各说各话的结果演变成台面下的角力。不仅比实力也比运气，每个人都在赌自己的眼光。

年轻的同事总有些稀奇古怪的构想，一会儿想拍影片，一会儿想做冷门专题，要不就是采访追踪人数稀少的艺人。能不能落实，我总会用经验去判断。多半因为劳民伤财，又看不到立竿见影的成效而被我否决。久而久之，我成了很难沟通的主管，三两句就往人头上泼一桶冷水，让对方知难而退，在一堆旧方法里搅和，不想做的工作就丢给其他部门。

"你看吧！我早就说了。"

这句话开始出现得频繁，同事之间就等着用事实说话，看谁说得对。你来我往不算良性竞争，反倒像多匹马拉的马车。仅是虚应形式的讨论，其实谁也不想听谁的。无效沟通很浪费时间，最后往往变成放弃对话，各自为政。

信任是团体里最重要的价值，一旦裂痕产生，必须尽力修补。相互排斥的结果就是难免有伤亡，人事异动比工作表现更加棘手，总得花好几倍的心力去应付。与其这样，不如把心放宽，不预设任何立场是我当时还学不会的沟通方式。都已经当到主管，我还表现得像个不明事理又不肯妥协的幼稚鬼，不仅格局越做越小，还失去了民心。

让大数据说话，是我在新创产业最深刻的体认。与其无穷尽地以旧经验追赶，不如砍掉重新学习，开发新方法以找到活路，并且密集沟通。要知道每个人都是公司运作的一环，无论好坏都绑在一起。**我遇到的好主管、好同事，都有着比谁都强的包容特质。越能保持开放的心态，就越**

拥有优势。跟不上的人就等着被抛弃，过度迷信经验反而容易被束缚手脚。

"错了怎么办？"我总是这样反问别人。然而，错了就错了，就算有百分之一的成功概率也得放胆尝试，总好过把方法用旧，旧到跟不上了再来整套大改，这样更耗费时间。结果如果真那么糟，更是展现危机处理能力的好时机，你的重要性就从这一刻开始凸显；而不是倚老卖老，处处阻挡着新局面发生的可能。

对人也是，就算心里认定是馊主意，也要给出空间让对方学习，千万别用自身经验框住别人，妨碍他人以失败作为养分的成长过程。能包容过失是雅量，更是信任感的交付，反而会赢来忠诚的回馈。

> **职场求生法则**
>
> 把时间花在有效沟通上，与其不断据理力争，不如让事情发生，让结果来证明对错。错误是千金难买的经验，也是团队表现的最佳突破点。

谁对谁错不重要，
能解决问题才是赢家

开会是我最不喜欢的事，只要当天的日历上安排有会议，心情就会随着会议的规模大小，而有不同的起伏。需要多人列席的会议通常是公布重要信息，检讨绩效，以及跨部门沟通，每个项目都比山高，气氛可想而知有多沉重。

月初的会议，几位主管与大型项目负责人都必须出席。前半场是工作月报，每个人都准备好简报向老板及各部门同事报告；后半场讨论项目进度，也包括正在执行的、创意尚未成形的特别策划。销售部的同事 T 打开一份和上礼拜、上上礼拜，甚至上上上礼拜内容雷同的简报，任谁都看得出来只改过一些数据和描述方式。

由于有几个项目是跨部门协同，我们俩坐在同一条船上，换我报告进度。很显然这个项目快一个月都没动静，被追究停滞原因并不奇怪。无路可退之下，我只好当起坏人，深吸一口气，用左轮手枪射六发的时间讲完："销售部已经三个礼拜都说在跟厂商确认中，得不到回应也不肯换厂商，我很难做事。"

同事T当下听了暴走，怒视的目光简直像一道激光在我身上灼烧，跳过互踢皮球的戏码，下一秒变成"立法院"现场，气氛何止火爆。接近季末，这类厮杀性会议特别多，也曾经试过假听假点头，面带微笑的同时已经走掉三魂，尽可能让肉身表现出参与感，用无厘头的方式消极以对。但这实在不是职场应有的态度，于是我才决定不再装聋作哑，但拿捏不好刹车分寸竟演变成扒粪，血淋淋的场面浮上台面，不知道该如何收尾。

会议室是嫌隙这一怪兽的产地，多少爱恨情仇都是从一场会议开始的。我向来不怕做检讨，也不怕跟别人合作或竞争，而是对于有功就邀、遇事就推的职场文化感到恐惧，退到最后失去耐性，应该有的理性讨论也渐渐迸出火药味，没有结论就算了，同事之间还结下梁子。

学生时期的我喜欢分组竞赛，不管是以小组为单位，还是以班级为单位，甚至以系、以学校为单位，能评出胜负的活动我通通很热衷，认定赢过别人才是完美的结局。

> 走上社会才晓得胜负不是团体对团体，
> 更不是个人对个人，
> 而是以工作绩效作为衡量标准，
> 能解决问题、
> 顺利完成的人才是真正的赢家。

从基层到主管，我最大的改变是眼界，不再执着于个人功利，开始以公司立场为考量。尤其在接任部门管理职务后感受特别深，不合群的同事最容易惹麻烦，小打小闹的范围我会好言相劝，要对方省略抱怨直接讲出诉求，然后再判断能否接受。如果对方只是一味挑剔别人又提不出建树，那就不用啰唆直接辞退。

沟通与尝试，就像是船的左右两只桨，一起经历挫折后才知道该如何并进，出多少力气才能顺利协调。不打不相识，很多革命感情都是这么来的。要有以大局为重的职场观念，才能把纷争的杀伤力减到最小。

会议结束后我念头一转，将态度软化转而寻求合作，想办法释出善意，以一起解决问题为前提进行讨论，这才晓得同事T的难处是业界资源不多，加上手上还有其他项目正在进行，分身乏术才显得有气无力；旁人看来的拖延，其实另有隐情。

能抓住问题的关键就有一线光明。我回头翻找电子邮件与名片簿，主动询问几个同业朋友，能否介绍更多厂商好让我们销售部门接触；一头帮忙搬救兵，另一头尽责联络。所幸找到一家厂商愿意承接，后续我就没再插手了。

工作只求结果,若过分强调中间过程如何辛苦,就是无济于事的抱怨。总是制造负能量的角色没人喜欢,只顾把同事的缺失全部掀开,试着求自保的行为也不算磊落,唯有不计功过见谁困难就出手相救的人,才是真英雄。

职场求生法则

同事表现拙劣,并不代表你就相对出色。谁对谁错不重要,能解决问题的人才算赢家,以大局为重的擦屁股行为也是另类实力的展现。

得过一种怪病叫
"事情没做完就想请假"

关于中学同学 G 的记忆都是牙痛,因为牙齿矫正需要定期回诊,打骨钉、根管治疗、拉线固定一类的专有名词,听起来都非常严重。据他所述痛不欲生,时常缺课缺考,当年没有补考机制,成绩自然是空白。直到毕业后才辗转得知,这是技术性缺考,在书没念完的情况下不需要承担低分,该科便不予列入平均,分数自然不会差到哪去,反而能维持前段水准。

因为太震撼,使得这件事一直没从我脑海里抹去。从学校到职场,拿病假来当免死金牌的人屡见不鲜,明知自己并非清白到足以纠正别人,但当下遇到这类偷鸡摸狗之事难免会放在心上,说不在意都是骗人的。

按照惯例,部门同事要请病假必须在群里或以短信告知，事后再拿就医证明核假，通常我不会为难。一早原定要讨论年度活动的进度，接近时间，负责文案和简报统整的同事说他上吐下泻，下午三点才能到公司，我急忙打电话关心情况。得过几次肠胃炎的我知道脱水的严重性，不过，他说稍作休息就可以，知道他身体不舒服，待会儿要报告的内容就请他转给我，由我代与其他人讨论。

电话里的声音分外虚弱，平时笑声中气很足、喜欢跟同事打打闹闹的他，突然像一只寒流中被弃置路边的奶猫，口气呜咽地说："威廉，我昨晚到现在一直吐、一直拉，很抱歉今天没办法给你进度。我下午应该会好一点，到公司再继续赶。"病人都这么说了，我只能把会议取消跟大伙儿道歉。

午餐时间结束，公司群里传来一张外送单说老板请客，同事们想吃什么就在群里回复。会议取消打乱了整个下午的行程，我无心点餐，直到被标注跳出提醒："两点收单，威廉，剩你还没有点。"点进群，早上请假的同事正秒回要一份包心粉圆豆花，加红豆加冰。我反射性地问："肠胃炎还吃冰吗？"

当着全公司同事的面让他难堪，事后我感到非常后悔。下午等人一进公司马上找他聊天，关心病情顺便道歉，没有明说怀疑他装病。往后的日子我越是盯得紧，他越是千方百计地躲，久而久之，急症变慢症，演变成惯性发作，分不清楚是真的病了，还是讨厌上班。

不想让他觉得被针对，我半遮着眼睛签核假单。没多久，他再度突然重病请假，另一个项目大开天窗，崩溃感已经超越爱恨。约谈过后，惊觉他经手的工作全部停滞，有些甚至完全没有进度。他这才娓娓道出，其实在被我否决两三次后，他就很抗拒文案类型的工作，直觉是技术性躲事，生病有一大部分是心理所致。

遇到同事事情没做完就想以请假逃避，我心里又好气又好笑，毕竟我也得过同一种怪病，还到棺材里躺了好几次，直到眼泪哭干才决心接受治疗。唯有正视自己的弱点才有机会免疫。跟他分享了几桩我曾经临阵脱逃的惨事，让他知道逃得了一时，逃不了一世，问题仍然存在，尾随而至的无力感一次次加剧，乘以平方地扩散。

> **能力不足又羞于启齿，等于拒绝进步。用不着别人动手淘汰，自己早晚也会退出职业生涯这场耐力赛。**

应付不来的任务一定要在最短的时间内提出问题，请求主管给予协助；要是运气不佳，做完一半做不下去，选择消失是玉石俱焚的消极态度，对谁都没好处。就算不来也好歹负起责任，把分内该做的事交代清楚；做不完或是完全没做，至少要据实以告，好让其他同事有办法应变，进度才不至于停滞。

要有打团体战的观念，别心存侥幸总以为天塌下来有别人撑着，积极修补弱点是为了让能力得到提升。用尽方法最后仍然无计可施的话，就该把难题丢出来，让主管可以找到症结所在，帮忙调配工作内容。

> **职场求生法则**
>
> 逃避是弱者选择的投机方式。能够坦承缺失，并积极寻求他法解决，就算最后功败垂成，至少能获得一半的经验，做不来至少也要在旁边看着学。

平庸的人，
只挑有把握的事做

公司突然来了顾问团队准备进行整顿，先是改变组织与人事架构，再为每位员工的工作状况做体检，尝试优化。当时我正好处于个人的疲态高点，两个月前才经历人事变动，职责范围横跨三个部门，现在又找外来的和尚教念经，很难不心生排斥。不过，因为很想知道对方葫芦里卖什么药，我决定正面看待改变，可以的话，学个几招当成新技能也好。

初步沟通，顾问希望我能盘点出工作项目，究竟每天在忙哪些事，固定与不固定的都要写得清清楚楚，将它们制作成表格，一周之内缴交。同时还要缴交三个部门的人事评估表，十五个人得一一约谈。这些只是"前菜"。"主菜"是我得交出一份完整的年度运营计划，拟定十二个月的绩效和策略，如何达成目标都要说清楚。

我要一口气做完这些炸到头顶的报告，又要维持部门运作的水准，不允许有阵痛期，简直是雪上加霜。我的直觉是顾问肯定是特地来找麻烦的，每每看到他走近我办公桌就如鬼见愁，不知是该躲还是该防，心生排斥，再好的建议也听不进去；给我的参考资料直接搁到一旁，跟一堆工作用书撂在一起，连看都没看。

那些表格就像《哈利·波特》的咆哮信，一打开会听见骇人的咆哮声，吓得我赶紧关掉视窗。我整个月的工作彻底无法继续，想狠甩自己巴掌，说这一定是噩梦。一个人加班到深夜，最后脑筋转不动，扶额呆坐在电脑前，整间办公室的灯只留头顶那盏，就像漫画里的悲剧人物跌坐在阴暗的角落。

跟几个老同学聚餐顺便讨教对策，有经验的人都说："顾问一来，就表示有人要走，撑得过就是你留下。"此话一出我更加紧绷，不想认输自提辞呈。

> 消极应付不是办法，不如把姿态放低，
> 将对方定位为职场导师，
> 一逮到机会就发问。

我算是有专业的编辑能力，运营管理却没有太多经验，心想，自己总不能一辈子做技术类型的工作，能够有机会通过专业顾问来弥补不足的部分未尝不是一件好事，若对方有真本事确实是一次转机。

文科生的我最怕数字，听到量化就手脚发软。首先学习将工作内容条列出来，再用数据估算成效，变成有凭有据的文件，让资料与资料可以相互佐证，变成一套运营逻辑。先苦后甘，往后就可以轻松自如；待一切走上正轨之后，便会知道泪水和汗水不会白流。顾问这样鼓励着。

顾问介入之前，我正为了日复一日、始终杂乱无章的待办事项而濒临崩溃。长达三个月的整顿，是近年来职业生涯中最疼痛，却也是最有意义的一段。**我一改先前随心所欲、见招拆招的工作模式，意外地养成了凡事规格化、**

流程化的好习惯。这个过程让日后独立创业的我受益良多，尤其当项目数量暴增，又不想放掉任何一笔营收时；要是当时赌气一走了之，就算有本事撑着不回职场，一定也停留在靠蛮力打零工、牺牲生活品质、用肝来换钱的日子。

目前我的工作被分为两部分，一是自媒体经营，二是承接项目。在自媒体草创期，这段经验是最棒的养分。虽然是一人公司，我先整理出可用资源，盘点优势与劣势，花时间规划好整年的阶段性计划，拟定经营策略，接下来就是不计一切地努力，达成目标。

自由打零工的工时不固定，相较于领薪水的日子，想求安稳，就得担起更多责任，抱着有钱就赚的积极态度，工作形态势必更加复杂。因而拥有一套属于自己的游戏规则就显得更重要。不足之处就通过技术合作，找几个同样打零工的朋友，组织虚拟团队，从执行变成统筹，渐渐地有了承接大型项目的能力。这些都是当时经历公司转型换来的甘美果实。

安于现状就是平庸的开始，对新任务的恐惧往往来自于陌生。与其自我怀疑，不如珍惜难得的学习机会，痛过就一定会成长；**要知道一招半式走不远，别因为对眼前的事没兴趣或厌恶就放弃尝试。**

> 职场求生法则
>
> 学习新技能可以为你打通另一条路，带来其他好处。练成是自己的，练不成至少可以练胆，绝不会让人空手而返。

要想说服老板用新方法，
得先熟悉旧方法

不久前受邀参加一场座谈会，由我主讲创意策划的技能培养与心法。一个半小时内要分享六个实际案例，并从中总结出工作要领，后面是问答时间。为避免冷场，我事先在网上征求读者的意见，列出三个问题抛砖引玉：没灵感怎么办？有什么跟客户斡旋的技巧？要如何为打零工做准备？我猜是实务类型的情境题打动了现场听众，举手发言的人开始变多，他们憋足劲把工作中的疑难杂症全往讲台上抛。

场内一半是有三五年工作经历的策划工作者，当然也有对未来迷惘的准新人。我印象很深，一位听众问我该如何跟上级沟通，满怀热忱提出的创新做法为何到了最后一关，总是被老板否决？主管听得懂他想做的，但高层却不认同，到最后仍然坚持用旧方法。时间久了，主管开始对公司感到失望想要离职，希望能从我口中问出一些做事技巧，好让自己的想法能够被理解、被接纳。

我是这样回答的："**先顺着老板的意思去做，一方面熟悉你认为不妥、过于老旧的方法，另一方面借完成任务来建立老板对你的信任感**。一开始就要高层接受革新，在没有能力和经验背书的情况下，简直是天方夜谭。"

> 冲撞任何旧制度之前，
> 必须先熟悉再谈改变，
> 最好的方法就是加入它。

我有一个合作业主是成立十年左右的台湾地区的女装品牌，其竞争对手早在电商领域插旗，每年进账上亿元。直到该品牌的百货和直营店的业绩一落千丈，又苦无其他途径撑起营业额，才意识到自己已大幅落后，因而找我担任新媒体销售顾问，想重整旗鼓在网络上开拓。我建议强化社群操作和成立网络商城是首要一步。

开了几次会之后，我明显感受到愚公移山般的无力感。品牌定位为少淑女风格，而内部管理、设计到第一线销售人员的平均年龄超过四十岁，核心决策圈的平均年龄保守估计在五十岁。科技像一道紧箍咒，他们认为我说的是天方夜谭，我则感觉像对牛弹琴。合作撑了三个月宣告失败，事后我把这份年度销售规划转给一位前辈，希望获得指教。

前辈说："威廉，你的规划没问题，问题出在他们是人脑，不是电脑，不能把指令输入进去就算完成。"

我的提议一大半是创建新制度，几乎要把原有制度打破重建，但缺乏细部的配套策略。况且双方之前没有合作默契，我不了解原有的运营方式，只看到表象，就算计划做得再完善，还是很有可能失败，因理念不合而收场很正常。

年轻气盛在职场显得有些横冲直撞，我的心里也曾有过那股推翻一切的力量。那场座谈会上的交流让我感受特别深刻，反骨的性格还在；为不枉费一路碰壁的痛，理当智慧以对，把目光放长远。**改革是牵一发动全身，不可能在一夜之间彻底改变。怀抱理念的人要学习铺陈；想证明自己有能力改变，一定要先让决策者看到你的能力，才有机会进一步革新。**

眼前一块挡路石让你窒碍难行，要通过这条路的方法绝对不会只有打破它这一种；试着攀爬上去，把自己放到对方的位置上肯定会有不同的视角，帮助你打开思考广度。

进到决策圈的入场券是信任，不管是急着改变的讲座学员，还是当时提出创新做法的我，两者都缺少理解的步骤。所谓知己知彼，对自己眼光过于自信，不愿花时间理解现状的构成因素、感受问题核心，流于主观，注定要失败。

中小企业的组织结构简单，多半以营利为导向。缺乏研发部门或顾问团队的策略操作，碰上棘手的转型问题，会先以增聘员工来试着改变现状。新旧互不相容是最常见的停滞不前的原因。

> **职场求生法则**
>
> 有机会成为组织新力量的人，刚到一个新环境，切莫心急，想立刻推翻旧制度、旧势力，太过愚昧也太过莽撞。面对权力和资历都差人一大截的现实，选择对立很不明智，革命要成功的概率简直微乎其微。

想往上爬，
就尽量挑复杂的事情做

遇到年底考核期，大家的心情总是特别浮躁，同事们的升迁去留全得在一个月内决定，编辑部和策划部一共有十几个人，还不包括实习生和助理。由于扩编太快导致我没办法直接管理，有过拔擢副手的打算，优先考虑了几个上进心较强的同事。任何事都一样，我最在乎对方有没有想承担更多责任的意愿。

我首先分组、摊派组长，让正职带着兼职并定期提交工作报告，练习初阶管理。经过一段时间，我发现多数同事希望拥有一定的自主权，可以通过指导别人来获得成就感；相对枯燥的行政程序便敷衍了事，日报变成周报，再变成想到才交，最后是我催了还不一定交。

或者，有的员工对不擅长的事没信心，头几次做不好就开始懈怠，不敢明着拒绝就想尽办法逃避。比如要担负网站流量成效的，抗压性有，但续航力极低，未达标次数一多就干脆破罐子破摔。这一波测试全军覆没，要从中挑出相对而言"没那么差"的人当组长，我实在为难。部分同事的期望落空，办公室开始出现耳语，指责我把自己做不了的工作丢出来，我当时说不在意是假的。

　　那天，我决定准时下班，却不小心把负能量带进瑜伽教室，心累身体也累，高强度动作重复几次就撑不住了，脱口而出："天啊，到底还要做几次。"课后，老师跟我聊起练习情况，我因为柔软度够，所以很快就能做到进阶水准；却因为肌耐力不足没办法让身体稳定，就只能一直停在这个阶段，反复练习。

　　试过更难、更华丽的动作，老师发现我基础不稳容易受伤，才退回来练基本功，用意在此。所谓的跟身体对话，不只是专注地做好动作，还要能找到缺陷，再通过不断练习，才有办法强化它。工作也一样，原来我也正处在这样的阶段，还有一大段路要走。

> 很少有绝对的庸才或天才，
> 职场中大多是'没那么差'的等级，
> 而这也是在体制内最待得住的一群人。

"资质好"的人像个发光体，在茫茫人海里容易被看见、被赏识，但往后随着态度不同会决定各自的命运走向。有些人像流星一闪而过，而挨得住苦差事的人才能成为恒星，立于不坠之地。

前阵子听闻老同事 S 高升，出任国际出版集团大中华区执行长，台北、上海两边跑。我们共事的时间不长，当时我在代编部门，她在业务部，能在女性杂志当到业务经理，一般来说能力都不差。我离职了，而她还在，几年后，S 被境外总部拔擢为台湾地区总经理，在公司第八年已经是集团的董事总经理，该集团旗下几本刊物声势很旺，堪称台湾地区最大的女性媒体集团。

我想起以前 S 总帮我搞定客户，事后淡淡地说不过是小事。在时尚杂志工作的女性都自带光芒，一个比一个强悍，偏偏她的个性不爱张扬，做起事来很是稳健。才十多年的光景，那位好心的仙女姐姐已经成为几百人之上的CEO，当年感受不到她如此强烈的上进心，于是好奇的我便问了共同好友Q。

曾在同个部门任职的Q最欣赏S不张牙舞爪，S不管任务多艰难，都能把事情做到最好的韧性。S一板一眼，从单纯销售广告的业务切到管理；为接下运营责任，愿意花时间熟悉各部门的运作，为追求更大的格局，即便工作如此忙碌，还不忘进修拿到EMBA（高级管理人员工商管理硕士）学位。S能被总部器重，破例让同一个人接管中国大陆和台湾地区两地的运营，是因为她比谁都可靠。公司从纸质转型网络后，台湾地区分公司的营业利润连续几年都是全球最高，把亚太区最大的市场交给她管理，境外老板再放心不过。

不少人对升迁时机存在误解，以为上面的人走了空出位置，资历够深的话就升得上去。从基层的标准来看，那批受测的员工都算优秀；换作干部资格却不够好，变成一片倒。**那些看似无谓但有必要的过程都是练习；把原本不擅长的事情做好，就是一次成功的能力开发。有本事担起公司交付的职责，无关喜好都能处理得游刃有余的人，才是过人之人。**

> 职场求生法则
>
> 想做大事的人要沉得住气，尽量挑复杂的事情做，化繁为简的工作技巧与耐心会把你带到更高的位置，也跟其他"没那么差，但称不上出色"的人慢慢拉开距离。

今天的实习生，
难保明天得靠他赏口饭吃

　　几天前，我去赴了一个很有意思的约，三个人都是在工作场合认识的，算算有几年没见。约在靠近和平东路和青田街口的北方菜馆见面，一顿饭下来聊得挺爽快，餐后步行到一家在永康街尾的小咖啡馆，接着再聊。突然S蹦出一句："威廉，我们都是在助理时期就认识你，是你一路看着我们长大的耶。"其中待最久的是A，七年前在我公司实习；L少说待了五年，先前是品牌的公关助理；S曾在我常去的发廊工作，从助理熬成设计师差不多有五年光景。

　　我很幸运，助理没熬太久就转为正式编辑，大学毕业第二年就有一张名片可以介绍自己。起初，仅是时薪制的兼职工作，所幸祖上积德跟到一位天使前辈M，处处包容并给予尊重，到哪都称呼我为"同事"。M初次见面便向其他人介绍："这是我们部门的新编辑威廉，请多照顾他喔。"当时的我自认为还不够格被称为"编辑"，虽然心里很暖，却总是满脸涨红有些尴尬。

某次会议结束后，离开客户办公室一进电梯，我就跟M说：

"我还不是正式编辑，介绍的时候说我是助理就好，很怕别人误会我有多厉害。"

"编辑就编辑，还分厉不厉害？"

"我就只是个助理，没有你那么专业。"

"编辑助理也是编辑，资深编辑也是编辑，大家都在做一样的事。只是你的工作内容比较基础，不需要扛那么多责任。"

就算是基层职位，M也没让我看低自己是路人甲毫无存在感，于是我拼了命地追赶，只为不枉费暖女前辈的抬爱。我受她的影响很深，后来在工作环境碰到后辈，都以伙伴、同事相称。这一路走来碰到的实习生、助理慢慢出头，在各自的领域拼搏着，没想到这顿饭把这层关系讲白了，瞬间让我好像真的老了不少。

回想在时尚杂志工作的头几年，我很抗拒参加品牌新品记者会，像是掉入了每个人都经过精心打扮的斗兽场，生嫩的面孔被晾在一旁很正常。品牌公关会主动跟主编、总监及总编辑等级别的人打交道，他们同样在业界算得上资深人士，相识较久自然有话聊。总记得那些发现我抱着新闻稿和资料袋，一个人躲在角落做笔记，仍从未怠慢的人，一有机会我就写报道当作回馈，把他们放在心上，于公于私，有忙就帮。

> 厚此薄彼的情况每个产业都可能有，
> 期待有温暖的工作氛围，
> 自己一定得先是一团火光。

编辑工作算师徒制，因而更要以能力与智慧来展现风范，获得尊重。而不是助手犯错就暴跳如雷，破坏人际基

础；没有情感也没有信任，别谈经验传承。习惯颐指气使的人，一旦离开原有职位，失去光环和权力，便会遭到反扑，苦尝人情冷暖再常见不过。

几个月前，我参加了一场酒商餐叙，一进门就有人喊我的名字，原来是当年带过的实习生，目前在公关公司任职。经由他推荐给客户，我才有幸被列入名单之内。餐会结束后，他拿着手机说要合照，我半开玩笑地说："幸好当年没有欺负你，要不然今天就吃不到那么棒的餐点了。"

职业生涯就像一场马拉松，直到压线完赛的那一刻都不能松懈。若把工作换算成 km（千米），有人跑半马 21km 提早结束。工作到六十几岁都没退休的也大有人在，全程 42km 是必然的事。第一个 10km 绝对看不出胜负，得跑到后半段，差距才会渐渐拉开。**先跑的人是前辈，当后辈想靠实力后来居上，前辈可别恶意挡路，要有为人喝彩的运动家精神。各自以自己的步调完赛，都是荣誉。**

职位只是工作范围的界定，无关层次高低，请善待工作环境里的每一个人。职场中多的是比自己更出色的人，就像我与当年带过的实习生的距离，不过几年的差距，时间就会验证每个人在职场上的价值。

> **职场求生法则**
>
> 天分加上努力，会让我们成长为一头凶猛的哥斯拉，可以不费吹灰之力踏平一家公司。今天的实习生，难保有一天不会变成厂商，身为前辈还得靠他赏饭吃呢。

人际关系虽然必要，
但个人能力才是谋生技能

考研究生那年，师大是我的第一志愿，面试时，教授翻到审查资料最后一页的成绩单，蹙着眉问："你的大学成绩高低非常悬殊，90 分以上的科目不少，但不及格的也不少，甚至还有 0 分的，是选了又弃修吗？"

对这个问题我早有准备，于是不疾不徐地回应："大学虽有分系，但科目仍旧太广泛，并不是每一科都符合我的兴趣与需求。我对自己的学涯规划不是全才，把受用的科目学好，将其余心力放在积极参与校内外的社团活动上，结识不同领域的朋友以开阔视野，才能有眼前这份精彩的被审资料。"口气如同妙丽[1]。

天真地以为答得完美无缺,能够技巧性躲避"挑食"的问题,没料到教授却板起脸:"活跃于课外活动可以拿来作为人格特质的参考。师大的学风严谨,研究生着重学术研究,在乎的是你用不用功,不是朋友多不多。"一听就知道大势已去。果真那一年我高分落榜,录取失败。

> 人际关系虽然必要,
> 但它不是一门学科,更不该以它
> 为工作中的谋生技能。

进入职场后,因为工作关系,有幸能跟名人往来,一起唱过歌,同桌吃过饭,多聊几句都能让我挂在嘴边好久。与知名人士往来,多少得付出代价,把卡插进提款机,输入密码按余额查询,就会知道打肿脸充胖子是有额度的。

---

[1] 妙丽:英国作家乔安·凯瑟琳·罗琳的小说《哈利·波特》系列中的登场人物之一。

也会有知心的朋友，但寥寥可数，生活圈不同要凑在一起非常吃力，感情早晚会淡。

成人的世界是名利场，愈往上走，愈能理解毫不遮掩想靠关系来省掉麻烦的人。不管是生活圈还是工作环境，我向来很不习惯"攀交情"文化，一通电话就能让人连捷径都不用走，直接入座，还断送另一个人的努力。**不管是受惠还是吃哑巴亏，一旦有外力介入，就会引来众人的不服。最优雅的方式是绝口不提交情，只要够格就不用担心落人话柄；让合作关系建立在互相需要的基础上，一切便显得合情合理。**

"我朋友是……"

"嗯，所以？"

我从总爱讲第一句话的角色，慢慢觉醒到成为说第二句的人。始终记着研究生面试时教授的脸及落榜的痛，那么多年过去也没能放下。这些诚实的提醒确实在我迷失时产生了作用。看情分做事总有尽头，一次两次可以，再多就得靠利益交换。**利益是谈判的筹码，而筹码多寡可以用**

能力、权力换算，交情深浅只能帮助你取得入场券。不是个人物，终究要被边缘化，然后被遗忘。所谓的交情究竟能起多大作用？

别人的成就不属于你，若想拥有一席之地，麻烦按部就班地努力争取。朋友是朋友，你是你，别人有多争气、多了不起，都与你无关。

求机会还说得通，但求省力的心态就是投机。我身边不乏靠着交际手腕使工作看似无往不利的宠儿，他们长久以来被溺爱、豢养，失去做事能力，摘去保护罩就无法生存。靠着旁门左道获取的工作之便，最终将禁不起考验，只能回过头依附愿意给好处的人，以寄生的姿态存活。

五湖四海皆朋友是优势，但不应该赖以为生，业务工作就是最好的验证。人缘很好的人进入寿险行业，未必能带来好业绩；朋友可以卖面子，但面子能卖几次就要凭各自的本事。花时间经营人际的同时要有实力支撑，习惯单方面利用他人的人，早晚会被一脚踢开，人际变人脉可没那么简单。

想取得下一阶段的成功，得先建立幕僚观念，单打独斗的格局极其有限，有计划地建立职场人际网，让自己有外部资源作为靠山。稳定的合作关系都来自等量交换，合作请尽可能以对等的姿态，鞠躬哈腰地请托，紧黏在一旁想捞好处的人，都是我们最不想成为的人。

> **职场求生法则**
>
> 比起汲汲营营于人际关系，期待被人宠爱、享受特权，不如扎扎实实靠实力取胜。才华是一道能贯穿天际的光，足以让所有人仰望；要有这样的自觉，才不至于努力错了方向。

别在办公室宣泄负面情绪，否则情绪化的标签永远都撕不掉

　　如果可以，我会在任何需要的时候把情绪收好。在办公室保持正面态度是职业道德，就算偶有失守，无意间把压力换成了怒气，不小心对同事说话不耐烦，我也会尽快冷却，立即道歉。同处一室，要有维护工作氛围的功德心。要知道星星之火足以燎原，微小的负面情绪极有可能聚成黑洞，吞噬每一个人，包括自己。

> 脾气发得越大，越是覆水难收。
> 偌大的办公室里，
> 人与人的情感维系格外脆弱，
> 施力过当就会立刻全碎，很难修补。

我碰到过容易歇斯底里的主管，一朝被蛇咬，十年怕井绳，好几次看到他用力把文件、鼠标等任何正握在手上的物品，往桌上一摔，就砰的一声摔门而出；无意间看到他在楼梯口抽着烟，擦着眼泪，想安慰也不是，就像一出非常狗血又长寿的电视剧。听同事说他有情绪管理问题，刚升为主管急于做出绩效，晚上靠安眠药才能入睡，似乎值得同情。

午休时间办公室另一端传来争吵，财务总监跟他隔着好几层隔板互呛，我只能戴上耳机蒙着头做事。办公室除了吵架声，还有急促的键盘敲击声，在场同事表面默不吭声，貌似淡定，对话框却疯狂弹出，像球迷观战般七嘴八舌地讨论。突然，我以发自丹田深处的声音说："不好意思，你们打扰到别人休息了，有事情要讨论可以去外面走廊！"

其实不好意思的人是我，加上我的声音，现在办公室有三个人失控。场面虽然安静下来，但这样的做法叫"同归于尽"。有了这次的失控场面为先导，后期的我常乱入这种混战，习惯用不理性的方式沟通。面对主管的戏剧化言行容易不耐烦，自己也变成了负面情绪制造机，从默默隐忍变得不愿包容，引发了之后的冲突。

我曾在日本电车上，目睹过身旁的男士喝醉，呕吐物正呈抛物线喷到对面女士的脚边。我正要提醒，发现她不疾不徐地挪动屁股，往左平移大约五十厘米闪过，精准且不动声色。呕吐物就像办公室里的负面情绪，不管是哭啊、怒啊、崩溃啊、攻击啊，即便令人反感，但人们也得表现出事不关己，多数人会选择忍气吞声，默默走开以求自保。

有些人说起话来总是激动，时而大哭，时而大笑，像颗不定时炸弹。情绪起伏太过剧烈的人，就像是自斩人缘，怎么想都不是好事。 若是像前面这位主管，每次遇到沟通不顺就生气崩溃，无论他的工作绩效多出色，都难以掩盖心理素养不足的缺憾。

年底一到，公司考核不仅是上对下打分，同时也会安排同事互评机制，让部属可以评上司、主管可以评主管。那位崩溃王给人的印象太深，肯定是负面形象先被想起。可想而知，情绪化成了他升迁的阻碍，考绩出来后立刻被 HR 约谈，建议他转调其他职位，以不适任为由被列入观察名单。

面对办公室纠纷，我不赞成乱入，强当和事佬。若情绪上来，就暂时不要讨论事情，等到双方都能理性应对，再重启对话也不迟。**工作场合的姿态千万要软，而且最好放到最软，凡事包容绝对能以柔克刚。若有争执，就让硬生生的拳头打在枕头上，双方毫发无伤，才是最高明的沟通手段。**

办公室里的无冕王，往往是令同事相处起来最舒服的人；敢爱敢恨通常是树敌的特质，会吹起狼烟，引来小人。学到坏习惯曾让我吃足苦头，多亏有前辈告诫才改掉缺点。开心可以，但不要过头而演变成一场闹剧；难过可以，请悄然离开现场，躲到没人看得见的角落尽情发泄。像《蜡笔小新》里妮妮的妈妈把兔子抓起来揍，揍完再微笑面对，是办公空间的友善守则。

> 职场求生法则
>
> 职位越重要，就越不能有太多情绪写在脸上。升上主管后的我才察觉到，自己的一言一行，很容易牵动整个部门的工作气氛，间接造成同事的压力。别轻易在众人面前宣泄太强烈的情绪，尤其是负面情绪，否则会将自己的丑态和弱点显露无遗，情绪化的标签永远都撕不掉。

Chapter 4

说再见也要
　　说得漂亮

每份工作终究都有说再见的时候，让过程精彩一点，替自己设定阶段性目标，才能在离开那天，有无愧于他人的释然，不拖不欠，潇洒利落。

最该感谢的，
是当初包容自己犯错的主管

直到离职那天，我还认为自己在第一份工作中怀才不遇，没受到主管和公司的重视。

那是我从头到尾负责的第一本企业刊物，同时也是签年约的忠实客户。出刊后一送到商场，电话便响个不停，原来是内容中有好几项单品的品牌位置有误。第二天，一本被订正过的杂志，就像老师改完的作业簿放在桌上。很快，我就被主管 C 约谈。当时我的腋下，仿佛是开了两个水龙头，湿到不能再湿了，出这种错通常凶多吉少。

厘清状况后，发现是印刷厂使用了旧文档，没把最终校对的稿件更换过来。客户要求重印，经过协商，印刷厂跟公司共同承担错误，各付一半。对此，我的心里很不理解，甚至觉得委屈，认为错不在我，但整件事的处理方式像我在背黑锅。表面没事,其实疙瘩好大一块,名副其实地有苦难言。

主管 C 是传统出版社出身,作风向来一丝不苟,严谨到用肉眼就能判断出字跟字之间有一毫米的误差,错字就更不用说了。每当我信心十足地把校对稿放在他桌上,没过多久,就会被 C 扔回来,撂下狠话:"我不信你认真看过。""你中文程度是不是不好?""身为编辑,连错字都校对不出来,明天可以不用来上班了。"

对于像我这样有着玻璃心的新人,不断地纠正听在耳里像是嘲讽,久了,开始有被针对的感觉。受不了总是被斥责的压力,我想点燃"引线"。有一天,我自爆式地在办公室里挑起争执。主管说:**"这里是公司不是学校,你来学东西,犯错还不容许别人责备,这种心态对吗?如果办不到,就把位置让出来,等你准备好了再来。"**

内心轰然一声,玻璃全碎,出了学校头一次尝到挫败,冲出办公室躲在厕所哭了很久。我不奢望称赞,但为何总是换来责备,我偶尔也希望听到鼓励的话语。

> 找骂是弱者的专属。
> 若不责罚,肯定感受不到错误的严重性。
> 强者的痛觉不会太久,
> 一定会寻找更积极的方法克服弱点。
> 唯有变强才能扛得住责任。

离开第一份工作时,我有很多解不开的结。直到多年后爬上主管的位置,得自己运营、管理整个部门,追逐公司目标,这些结才解开。某晚加班写年终考绩,我反复检视部门同事的工作状况,突然想起主管C的叮咛嘱咐,于是鼓起勇气主动加主管C的脸书,就这样成为脸书好友,直到现在。

一般公司录取新人,要求的是即战力,而不是让你慢慢学习。出错还要同事帮忙收拾,这样的人只会消耗团队的战斗力。

多年后回头来看,终于理解了当时主管让我代表公司承担一半责任的用意。碍于人事成本跟部门编制,当时非正职的我，在形式上能被赋予责任，是主管给予的信任和机会。然而，这是一份需要超乎常人的细心，以及背负强大责任感的工作，当时的我正好欠缺这两项能力。

庆幸自己曾遇到过严师般的主管，后来的我不再把指责往心里放。剥除情绪成分，剩下的全是提醒与确实受用的东西。心态转变之后，面对苛责就能逆来顺受。

出错事件其实发展出了故事支线。公司为保住客户，总经理首次出马跨部门协调，决议用两页广告作为赔偿。这件事我后来才知道。当时的我，一股脑儿地觉得被抹黑，不懂得庆幸自己能在初入社会时，遇见一位肯给我机会、包容我犯错的好主管，一个不太会说好听的话但却真心待我的老师。

这些年来，我有了很多机会去感受当时主管C的心情，当我在职业生涯中吃到真正的苦头时，才懂得何谓不怀好意的刁难，何谓恨铁不成钢。关键时刻能有人给予当头棒喝，我感谢都来不及，更别说恨。每当工作不顺心，我总会想："希望现在的我，没有让当时的他失望。"为此，再多的不甘心都会咽下去。当初巴不得给他两巴掌，回过头他却是最该感谢的人，他用责任和宽容撑起我的成长空间。

> **职场求生法则**
>
> 初入职场时，请记得收起你的玻璃心。公司不同于学校，犯了错就要勇敢接受责备。唯有经历职场上的严格训练，才有办法让你往后的工作更顺心，少走一点冤枉路。

清空座位时，
请务必连心一起清空

回顾在每段职场关系结束时的自己，最常犯的错误就是肉身离职，三魂七魄的三魂却还留在旧公司，导致魂不守舍。"魂不守舍"的时间长短，取决于前一份工作投入的时间跟精力；投入多少，就得花多少时间恢复。

有一件事压在我心底好久，疙瘩一直存在。那年，我早早排定年假，想趁着截稿结束飞往日本度假。休假前看到同事们忙得焦头烂额，就很有义气地说要分担工作。出境前一天，我自告奋勇接下封面照片，第二天便安心登机享受假期。

八天后回到台湾，飞机一落地便收到同事的内线，关切休假前的拍摄是否顺利，一听就知道出大事了。顾不得已是大半夜，我先联络当天在场的其他同事，试图还原经过。这才知道拍摄收工当晚，某位女星向经纪人泣诉工作人员（我）借着调整衣服，撕下她的胸贴导致她走光。

何止震撼，我反问电话那头的同事："你觉得有可能吗？现场至少有十个工作人员，要是我真的在众目睽睽之下撕她胸贴，还有办法等到她回家才发现吗？"

"我也这样觉得，但经纪人说她哭了一整晚，心情没办法平复，要求我们公司道歉并做出回应。为了平息事态，主管当下已经代替你向对方致歉了，这两天主管跟老板正在讨论惩处，我先偷偷跟你说一声。"同事的口气很无奈。

第二天面谈，主管不愿听我说明经过，一提到要当面澄清便处处阻挠我，连柯南办案的步骤都跳过，直接给我定罪。这并非我头一回撞上职场黑幕，该进该退心里有底；就算工作条件再差，都敌不过信任关系被摧毁。跟公司、团队，甚至主管、同事间的信任消失，才是让人下定决心离开的原因。

> **当信任感消失，
> 绝对不可能好聚好散，
> 形式上或许会，但心里肯定不能。**

所幸胸贴风波在资深同事的暗中帮助之下，由大老板出面调解，我才得以保住工作。前阵子跟朋友聊起这段不愉快的经历，内心还是愤恨不平，毕竟这件事在往后的几个月里，还是起了负面作用，而且越滚越大。从不被信任，演变成我不再信任整个工作团队，表现荒腔走板，没过多久我便离职了。

我说出这段经历并不是要博得同情，而是想表明离开一份工作同样需要勇气，更何况是不欢而散。包括我自己，在洒脱走出前公司之后，其实心还留在原地。离职初期，总喜欢找老同事聚会，听前公司的八卦，打听当初那些陷我于不义的同事活得是否安好，报应究竟找上门了没有。

到头来，我让自己在已成定局的状况中不断搅和，**花了太多力气讨厌那些早就不存在于生活周遭的人。**忘记失败的职场经历不是终点，让旧人旧事持续影响心情，就算很快找到新工作，倘若不清空自己，就没办法真正重新开始。

九月底离职，经历了三个月的崩溃，再熬过给不出红包的农历年，那一段时间的我自闭得可以，鲜少与人群接触。某天，我翻出一只装有旧公司杂物的塑料箱，里面有个小盒子里装着几张原先贴在隔板上的纸条，有祝福，有鼓励，也有同事回馈的感谢的话语。我抱持正念，决心重返职场，先设定好全新的新媒体领域，朝管理职位挑战，重写自传也顺便更新作品集。

我脑子里全是对下一份工作的想象，期待稳固的信任关系与更好的待遇，但前提是得先把自己调整到最佳状态。三、四月过得特别充实，寻找机会的同时我也取舍新方向；五月，我的新工作便出现了，去一家规模不小的新媒体正式报到。从被职场抛弃到找到新位置，足足等了八九个月，漂漂荡荡才重新靠岸。

我在蔡璧名教授的《勇于不敢 爱而无伤：庄子，从心开始Ⅱ》里读到一段话：

"**自状其过——对于自己的过失，学习不辩解；面对尽心、尽力仍无法改变的事，练习安然接受。**"从决定离职到衔接下一份工作，这大半年来，我花了不少力气调整自己。像是绕了一趟远路，这才学会往前看的道理。与其纠结，不如起身寻找更好的风景，走向未来。

| 职场求生法则 | 从决定离职那一刻起，接下来你所做的努力都要与更好的未来有关。怨怼与憎恨是变相的留恋。 |

职业倦怠并非不治之症

职业生涯前期我总是喜新厌旧，喜欢学习新事物，从完成任务中找到成就感；但只要工作内容不断重复，就会失去耐性。一开始都冲得很勇猛，很快便显露疲态，也很快放弃。像个青春期从未结束的孩子，以为未来还早得很，随时可以变卦。

基层的编辑工作我前后做了八年，终于在看似一成不变的日子里挖掘出新意，慢慢找到与工作的相处之道。担任主管之后，每周一要开早会，于是我习惯星期天晚上去公司准备会议资料。一旦学会锁公司大门，就是条不归路；清楚安保系统的设定与解除，就是加班的起手式。

新媒体二十四小时的数据压力，对我不分昼夜地轰炸。虽不至于过劳，但与工作相关的人、事、物很容易让人失去耐性。用不着一根稻草，随便飞来一张卫生纸，就能把我压碎。即便换了工作范围，但遇到类似的问题，还是没有办法。

职场上能力出色的人向来让我敬重,我更是真心佩服同一份工作能做很久的人。朋友 B 一做就是十几二十年的"柜姐",我曾经在新旧工作的衔接空当到专柜代班赚点外快,平日的百货公司空无一人,我总是焦虑地走来走去。

"没有客人好无聊,你怎么有办法做那么久。"

"不会啊,我有很多事要忙。做业绩只是一部分,我还要清洁、管理、盘点核销、制作排班表。"

"可是重复的事情一直做,不会很腻吗?"

"腻啊!所以我下班就不回复公事,每年一定出境休假。"

持续逼问朋友半个多小时,竟然没听到她说出——"职业倦怠",一来一往的口气有股气定神闲的韧性,更显得我浮躁幼稚。

那几年,我总是在职场转来转去,后来才知道并非厌倦工作,而是心态一直都没长大,把成就看得太表面,以为完成任务就是尽责。对组织或许是如此,但对自己的人生就完全不是这回事。

> 工作做到没劲就想放弃，
> 这种态度是对自己不负责任。

会取得多大的成功，是工作的附加条件；如何游刃有余地走完全程，才是最该费心的事。职业倦怠，就像是半年没有性生活的夫妻，一开始的火花呢？那种激烈争吵过后，紧紧抱着说还是最爱你的盲目的感觉，究竟到哪里去了？这些形式上的爱，一旦走入婚姻，如何经营它就变成了一种责任。

工作也是，没有一份工作是完美的，懂得将一开始的澎湃的激情，转化成涓涓细水，才能长流不息，更重要的还有工作与兴趣的平衡之道。

每当我关掉办公室里的最后一盏灯，走进电梯看见自己疲倦的脸，内心就更迷惘了。心力交瘁绝对不是我想要的结果。离职后，回台南老家休息了三个月，重新感受自由为何物，见见老同学，晚上到小酒馆喝一杯，在平日没有观光客的老店坐上一整天，听妈妈喊着："晚饭煮好了，快下来吃饭！"一个人在台北的生活绷得太紧、太久，好好重新感受最初的自己，对我来说是最有效的放松。

重新归零、启动，准备到新公司上班的前一天，我决定换个态度面对下一段职业生涯，于是潇洒地把笔记本电脑留在老家，只带着 U 盘回到台北。**从今以后，该处理的工作就在公司内处理，回到家就尽情娱乐、好好休息，手机功能有限，就算工作狂的瘾突然发作也奈何不了。**能放才能收，坚持不加班后除工作效率提高之外，生活品质（尤其睡眠）确实也改善很多，不再对迷惘的人生感到崩溃。

对于工作状态，要有时常自我检视的习惯。无法达标而产生的挫败感是能力不足，倦怠则是想逃离问题所致。若身心状态不佳又不想放弃，工作就成了精神牢笼，徒剩折磨。工作是足以撑起人生的重要梁柱，但也不能放任它压垮自己。

> **职场求生法则**
>
> 事情做到好，但不必做到满，比较不容易弹性疲乏。做不完的事也不带回家处理，一切等明天再说。薪资并不是卖身金，下班后"放过自己"，是我这几年一直在学习的事。

选错工作只不过像迷路，别因风景陌生而心慌

我是个路痴，而且是超级路痴，就算拿着地图也没用。早期的导航系统效果很不好，某天我开车从台南市区要去六甲山区拜访客户，原本往东直走就会到，没料到我一个闪神走错岔道，一路向南，快到屏东才发现走错路。

南二高速公路系统比我的掌纹还要复杂，原定四十分钟的车程，足足花了我三个小时。由于迟到太久，打算一进门就直接下跪认错，但客户却没生气，反而像失智老妈妈终于被找回，那般释然、温暖的笑容令我难忘。

认清自己眼光不好，运气又差，对于走错路一事就可以慢慢理性应对，人生和工作也是如此。对于嫁错郎、入错行，我向来都是同一句话：

> 会到就好，不管早到晚到。

在工作场合认识了好友 P，他的工作经历相当丰富。早期做过节目制作、经纪人和图书销售，说话有条有理，是个能适时换位反思的人。年前 P 说："威廉，我最近开始投简历，过完年就要换工作了。做了一年多，我确定这份工作不是我想要的。"关闭书稿的视窗，我停下来专心听他说。

P 嚷嚷要换工作已不是第一次了，试用期刚过就跟我说："这份工作好像跟我想的不太一样。"往前推三个月，当时他报告新工作时的口气，踏实淡然，有着满满的期待。P 在三十岁那年从娱乐业转到出版业，只为求得能力上的更多可能。

很明显，P 那半年谈起工作总是无精打采。我也试过关切询问，但他都会自动换话题，要我别聊这个，不如谈谈自己。起初，**我会提醒他，若没办法改变环境，不如花点力气改变自己。学习顺应新公司的文化及做事方式，是职场的适应法则。**

他很清楚自己想追求的是什么，并不是一开始就萎靡不想坚持。他用九个月的时间来验证眼光，先做到公司要求，碰到不喜欢的工作项目、加班、很雷的同事，通通忍下来，努力将自己推上轨道。"先要求做得稳，再决定要或不要"是 P 在这几年磨出来的务实心态，这样才能斩钉截铁地决定去留。

我心疼像 P 这么认真的人总是努力尝试、努力工作，到头来他还发现是错的。他一再被理想抛弃又无法怀忧丧志太久，为了讨一口饭吃而不得不再出门工作，被生活压在地上暴打，最终无力反击变成丧尸。

辞职是早晚的事，**只是换工作是如此重大的决定，若一时之间没有更好的选择，不如先冷静观望。从不喜欢工作的原因里找方向，哪些是你真正无法接受的，且最好是经过实战之后再来判断。**以 P 来说，转职前，他排斥出版业的缓慢节奏，转职后却无法适应大企业的烦琐流程，以及凡事守旧的做法。厘清想法后，下一份工作就慢慢有了头绪。

我从 P 不喜欢的事反推出他喜欢的事——他期待工作弹性空间大、自主性强；公司大小无所谓，最重要的是沟通灵活。至于打零工或全职，去哪个行业，则留到机会出现时再做决定。工作就在一问一答里，轮廓渐渐清晰。

抵达理想之前难免迷途，入错行不是绝对的坏事。误行远路更要冷静，以免一错再错。

还没找到新工作之前，不能贸然辞职的观念像一道紧箍咒，会让正苦恼于做错决定的人，没有充裕的时间去检视。失去判断力的结果，就是从这个火坑再跳到另一个火坑，反反复复将热情消磨殆尽。最后就算长了岁数也无济于事，始终在职场上漂漂荡荡。

路痴如我，以前只要发现苗头不对，便会陷入判断错误的自责。恼人的是人生可没有因此而放过我，我终究得独自抵达目的地。多余的情绪波动只是白费精力，一旦过头就会变成挡路石。

职场求生法则　　选错工作不过是走错路，请停下来看看四周，有没有路可以通往你想去的地方？最怕的是你不知道要去哪里，只是因为陌生而心慌。职业生涯初期，转行的包袱其实不重；如果你是有资历的求职者，等待时机的过程更是要从容不迫。

没有成长唯有耗损，
就表示该离开了

我待过的公司多半是责任制，2006年我进入杂志业，当时媒体的光景像午后三点斜晒的阳光，非常舒服。抛开截稿压力，月刊编辑工作算是梦幻职业，拥有记者的专业形象，却没有报纸和周刊那么紧张，还能认识各领域的人，视野很广。所以流动率低，门槛很高，没有一点本事可是挤不进来。

然而好景不长，人手一部智能手机的时代来临，脸书的强势出现把纸媒读者和网络使用者的界限彻底打破。新闻内容整合社群功能，最终将纸质杂志送上末路。

2010年后，进入杂志媒体的网络编辑命很苦，同样是内容供应产业，反而要以客为尊。几年后我从纸质媒体到网络，从基层到管理层，正逢"战国时代"，新媒体编制少则四位编辑，多达十位的也不少。我从座位抬起头来，能看到整个部门的工作状态：盯着屏幕的木然，或是抓头崩溃的瞬间，全都尽收眼底。

2015年，是用文章刷流量换现金的年代。网络编辑就像被工厂豢养的奶牛，一上班就开始狂喷乳汁。奶水干了，再想办法刺激乳腺，能榨多少算多少。每当部门内有编辑提辞呈，即便明知这份工作做久了对他也没有帮助，但基于职责，我还是会挽留对方，每一个都是。

然而讽刺的是，身为主管的我却是早所有人一步先离职的人。每隔一阵子，就会有旧同事私下找我讨论去留，少了绩效包袱的我总算可以诚实以对。先从近况关心起，包括待遇、身心状态、产值、绩效目标与分工，网络编辑大多面临同样的问题。对外，得不到媒体记者应有的尊重和礼遇；对内，千篇一律的工作内容和高压状态，任谁都吃不消。

> **要是有个地方能尊重你的才华，**
> **又能带着你成长，就尽管去吧！**

当时任职的公司对员工的职业生涯发展缺乏规划，做一年跟做三年差别不大。通常都是先感到疲乏，再得不到薪水之外的回馈，于是便有了离职的念头。虽然也有要钱不要命的现实主义者，但多数公司的待遇都没有好到足以收买快乐；不管怎么跑，都跑不出十八层的苦劳地狱。

奶牛的命运就是任人予取予求，**对任何一种被迫耗损又得不到实质回馈的职业来说，过度重复的工作内容只能换来单一的职场技能。转职的格局不大，顶多从资浅转为资深。** 我深信多数人在职业生涯的前几年肯定是理想派，不追求物质，不追求快乐，却仅有少数能满足他人的期待，而忘了工作应该是为自己。

何谓快乐？只要精神层面被满足就称得上快乐。公司跟员工理当共生共存，待得住的员工，肯定是在工作中能获得重视，不管浪里海里多危险都愿意去。可惜有良心的资方总是很少,"人再找就有",这么说的老板不在少数;如此狂妄地把员工当成免洗餐具用完就丢,也是一家公司流动率高的原因之一。

在工作场合认识 N,第一份工作就进入汽车龙头企业的她,做起事来细心又有条理,谈起事情也有着超龄的沉稳力道。经打听,才知道她是该品牌的种子员工,在校期间就因表现优异而被企业相中,有意栽培为重要干部;毕业后先到境外集训,通过重重测验,再回到台湾地区分公司,从基层工作做起。

最初任职于管理部门,接着转任销售助理、总裁特助、公关部、产品部,到现在已贵为协理,掌管全台湾地区的经销渠道。N 是让我印象特别深刻的江湖奇才,我和她有几次公事上的互动,就连简单的握手都能感受到她十足的诚意,请到她是老板的福气。而她也很努力,成功将青春赌在肯花钱投资员工的企业,一路被提拔,得到各种磨炼机会与成长空间,毫无虚耗才会一做就是十四年。

心力交瘁时,我经常问自己值不值得。若能确定目前是持续变强的过程，再痛其实都可以忍。"该走了吗？""我该留下吗？"其实问题就是答案。**理想主义者不畏辛苦，只怕光阴虚度。当没有成长，唯有耗损时，就表示该离开了。**

> 职场求生法则
>
> 　　只要工作上还有成长空间，再辛苦都不怕；就怕只剩精力上的耗损，这个时候请为自己设立止损点，走还是留在你心里自然会有答案。

想要升迁加薪，
千万别拿离职来威胁

"过年后老板要是没给我加薪到一万四，我就提辞呈。"

K 向来对自己的工作能力很有自信，这句话从老同事口中转述出来时我并不意外。在场人士听到名不见经传的同行一开始就要求薪资一万四，不顾麻辣锅里还有涮到一半的雪花牛肉，放下筷子，开始你一句我一句地打探起 K 的背景。得知他既不是名校毕业，又没有名牌公司给简历加分，英文也不好，只有在不景气的媒体产业工作不到五年的经历，还开口要求高薪，便大胆断言这位传说中的 K 绝非常人。

每个人对于工作的追求不同，付出劳务想换得的未必是快乐。功利主义没有错，时机成熟追求更好的待遇跟职位也是理所当然。

> 升迁和加薪是条件交换,
> 追求的是双方合意的结果。
> 这样的过程是谈判,
> 凡谈判就得靠技巧,而不是威胁。

　　动不动就提离职,或作势请对方另请高明,听起来刺耳又不留商量的余地,这叫威胁。习惯出言威胁的人多少都有"恐怖情人"的体质,你死我亡的威胁只会换来极端结果。但职场不是赌场,资方和劳方永远不会是对等关系,乍听之下煞是洒脱,其实是最没胜算的下下策。就算当下如愿,也很有可能只是当下而已。

　　我曾被自己的贪心吞噬,当时打定主意离职,新的工作早就谈好。我看准主管会挽留,故意狮子大开口要求加薪两千三,好让他知难而退。没料到主管居然答应,以互相退让为由砍了五百,加薪一千八远高于业界行情,当下的我不留说不过去。但好景不长,三个月后,我在一场人事变动中壮烈牺牲。主管找到新人来取代我,原本要去的单位早就逾时不候，最终落得两头空。

当时多希望自己在场，甩给 K 一句："一万四！你凭什么啊？"

但毕竟都离职了，我没特别追问后来 K 的加薪究竟有没有成功。听前同事说老板很重用他，视他为左右手，应该就成功了一半。然而，只把自己看得很重要没用，这也是很多人谈判的盲点，眼界太窄，错估情势。**体制内每个人都很重要（不重要的就是冗员了），每个职位所分配到的人事费用不同，基层员工取决于产值，管理层则视所承担的责任而定。**

升迁加薪的首要条件是拿出稳定的工作表现，有能力作为筹码，下一步再进入谈判。曾有同事辛苦一整年换来加薪一百的惨案，遇上抠门老板，就要主动证明你值得更好的待遇。努力程度自有心证，如果长时间没有得到拔擢、调整薪资，此时的沟通绝对合情合理。正常来说，公司会明文订立人事制度，若运气没那么好，所在的公司习惯暧昧处理的话，那就主动询问条件；当面开不了口，就用温和又积极的邮件说明意图。

有几个不错的时机适合开口。近一年来有杰出表现，年中或年末考核拿得出好成绩，主管便能顺水推舟帮你加薪；或是部门内有人离职，遇上工作调度的阵痛期，趁着人事洗牌很有可能晋升调薪一次到手。但能否肩负更重要的责任，化主管的危机为转机，则是成事与否的关键。

把那句"凭什么"拿来问自己，时时省视；即便我现在离开了体制靠打零工维生，这句话仍是谈判之前的自我评估。任何合作关系都是如此，要彼此认定值得，关系才有办法长久。

先称称自己的斤两，不足之处再努力弥补。若是卡在主管环节，一定要先尝试良性沟通，问明方向之后就要有心理准备，接下来的辛苦是必然的。 将会有一段时间，薪资会像胡萝卜般，利诱你加速前行。此时切勿心急，要给彼此一点时间，验证自己的能力足以胜任，同时也测试主管与公司诚信与否。

能够心无旁骛地全力前行，绝对有好无坏。结局若不如预期，可别丧志，或许你的能力与现在的职务要求不符。短时间内要是能抱持积极态度，潜能肯定会大爆发，因祸得福到别的公司称王都有可能。

> **职场求生法则**
>
> 工作一旦到了自认为没问题的阶段，想升迁加薪请主动询问主管条件，用能力外加努力来争取，千万别用离职作为威胁。要走就走是一种骨气，挽留很可能只是拖延之计；没走成的下场，通常是逮到机会就第一个赶走你。

离职一旦浮出水面，
请力求全身而退

到公司后，我听说业务同事 R 早上请了假。我们的座位面对面，隔板不高，挺起腰就能看到她的一举一动。因为那天我手上的事情很多，便紧盯着电脑屏幕，没留意附近的动静。突然飘来一股高贵的花果香的香水味，由远而近，忍不住抬头，是同事 R，气色异常的好。

针织外套、小蝴蝶结白衬衫和铅笔裙，搭配一双有防水台的细跟高跟鞋。罕见地以全妆上阵的 R，连毛孔都平滑发亮，像刚烧好的青花瓷。我赶紧把视线拉回电脑，发信息给她："你刚刚是去面试了吗？"

"威廉，你饿了吗？ 我们去吃饭好吗？"她索性不打字了，直接站起来嗲声问我。

"哦，好啊。"突然切换频道，我有点愣住。

出了公司大门，走进平时买面的小巷，她终于能用正常声调说话："你也太神了吧！怎么不是猜我刚刚去约会？"

这位小姐因为业绩不好，领了好几个月的底薪，缩衣节食，意志消沉了好久，跟客户开会总是穿很旧的黑色娃娃鞋和牛仔裤，曾自嘲说："反正客户坐着又看不到我下半身。"

我赶紧问："情况如何？对方有说什么时候上班吗？"

"他们希望越快越好，但我还没跟老板提离职，好烦哦！"

R 算是业界前辈，自有一套应对进退之道，老板留人是预料中的事。但她有手腕，先让老板知道新公司有哪些待遇条件，是短期内目前的公司给不了的。

> 提分手尽量带着惋惜与感激，
> 承诺走出这道门不会忘记曾经的栽培之恩，
> 未来一定有机会再见。

一个月后，她便照着正常程序离职，往下一段职业生涯前进。然而，跟在她之后离职的我，命运就没那么顺遂了。由于人事改组，新主管上任急着铲除旧势力。一开始我还看不清状况，一整个月没事可做。主管拒绝对话，我一时心急想请老板帮忙解决与主管的沟通障碍，却被反将一军，说我跨级报告，以下犯上。

很快便进入约谈程序，小会议室里只有我、新主管与人事部经理三人。美其名曰工作情况协商，其实我没有什么发言空间，对方急忙递出一张离职申请单要我知难而退。我突然间清醒过来："哦，原来是这样啊！"实在气不过，想着都走到这一步了，便一并把这阵子受到的不合理待遇说出口，指出这样的辞退理由非常牵强。听了我的话之后，新主管的脸涨得赤红："我在业界那么久，没有人敢这样跟我说话。"

"太好了，那我就当第一个吧。要走可以，请照正常程序来，没谈妥离职条件之前，这张离职申请单我是不会签的。"我很客气地将离职申请单推回桌子的另一边，站起来走出会议室。

所有非自愿离职的人都曾经历过一段度日如年的日子，记得相忍为谋，不管是谁炒掉谁，都别忘记身为员工的最后一点尊严和权益。该拿的遣散费、预告薪资和非自愿离职单都要拿到。铁了心要离开，就得拿出魄力公事公办。当时 HR 软硬兼施，请要好的同事来说情，还放话要让我在业界找不到工作。

求助无门，朋友建议我打电话给"劳工局"的免费专线咨询。专员非常有耐心地听完过程，确认我的离职意愿，请我再跟前公司联系，试着尽到告知义务。若对方再不核准，我再拨通电话正式举发，"劳工局"将立项处理，届时会发函给资方进入申诉程序。

我把怒气收好，不动声色，小虾米若是找到靠山，可别起了歹念想要报复大鲸鱼。**怎么来就怎么走，该拿的不要忘记，不该拿的也请不要贪求，不拖不欠是最利落的结束方式。**

挂电话前，专员提醒我千万不可以自己签离职单，不但到时候一毛钱也拿不到，还会连带影响失业补助，这点我谨记在心。我把致电"劳工局"的申诉过程，一五一十地向前公司的 HR 做了说明。第二天所有离职程序迅速走完，请我回去签交接单，非自愿离职单以及含有遣散费的薪资明细也当面交付。这一个月的奔波，终于就此结束。

> **职场求生法则**
>
> 离职一旦浮出水面，不管是自愿还是非自愿，从那一刻开始，请不要相信任何人，软的硬的都不要吃，请专注于该如何让自己全身而退。

心存感激才能好聚好散

从前，我是一个没办法好聚好散的人，不管是生活还是工作，都非常任性，想拥有一定的主控权，要或不要都由自己决定。接连几次不完美地收场，我才发现一段关系的存在或消逝，很多时候决定权不在自己，越是执着就越痛苦。这些年我才总算领悟到："**合则来，不合则去。**"分开当下的情绪震荡，从一道长波收敛成一个尖，痛苦万分，我由衷地希望每段关系的结束都可以短短的、淡淡的。

日历跳出提醒"Z 的离职日"，下班后，我赶到前公司，帮一直很照顾我的前辈 Z 打包物品。他待了十年，最后竟被以不胜任为由遣散。深夜的办公室里只剩我们俩，就一边装箱一边瞎聊往事。想起当初我离职时，也是他留下来陪我打包物品，把钥匙放入信封压在桌上，一起吃完夜宵才正式离开，印象至今深刻。

简直像年末大扫除，Z积累十年的杂物还真不少，我因此意外受赠几袋礼物。他抓拿起一瓶Bvlgari香水说是前年出差买的礼物，旁边有个袋子是到巴黎看时装秀装资料用的；再翻出一个Prada公仔，说他每年都会搜集一个。从头到尾都没听他抱怨过公司，旧地重游，我倒是惆怅起来。

"被公司这样对待，你不气吗？"

"气什么？结局就是这样，时间到该走就走，多说无益。"

换作是我就没办法这么洒脱，早半年被同一家公司辞退，离职当天，肩膀上背了三四袋杂物，双手抱着纸箱在路边等出租车，承受不住独自收拾东西的唏嘘，多亏有Z到公司帮忙打包。往后离职，我总想到被辞退的深夜，能有个像Z一样的人陪着真的很安心。

几年后面临另一次离职，我的内心却满是感激，这段职业生涯的开始与结束都是你情我愿。主管问起接下来的打算，我说："暂时应该不会找新工作吧，要回学校把硕士论文写完，先拿到学位再说。"只见他点点头，没有多说。在确定离开之后，想要在公司若无其事地保持热忱真的很辛苦。

某个早上收到主管的信息："明天中午你代替我去参加亚太区的一个媒体餐叙，我已经跟公关知会过由你出席。"我不明白如此重要的餐会，让一个即将离职的编辑作为代表出席是否妥当？

> **到离职当天都还是员工，
> 请做好你该做的事，不管它重不重要。**

听起来很严谨，但其实很暖心；明知未来可能不再有机会共事，还能被视为团队的一分子。上班最后一天走离职手续，主管恰好出差不在办公室，事先已签妥表单，只需要我到人事部与总经理室盖完章，就可以离开。公文夹内多了一份非自愿离职单，我询问怎么回事，人事部说："知道你接下来要回学校念书，应该会需要用钱，一点遣散费是公司的小心意，你可以拿着非自愿离职单去申请失业补助。"

当下感动到想哭，但哭出来好像又太过娇情，只好忍着、道谢。从来没有在离职时感受过如此温暖的氛围，一段关系居然可以有办法平和地收场。之后，我跑到垦丁的朋友家住了好一阵子，直到跟朋友说："我觉得我好多了，可以回家了。"离开前，我把这十几天拍海拍山的照片洗出来做成明信片，寄一张给前主管，上面写了好几个"谢谢您"。

曾碰到过确定留不住人，就急着把我赶走的公司；也见识过多待一秒都觉得多余，每一道目光尽是尖刺的工作环境。不管句号画得快或慢，能够画得圆满温润，是彼此都该努力成就的结局。

年轻气盛时，我总是抱着"此地不留爷，自有留爷处"的无谓态度，从没想过离职可以以温暖收尾，不懂被善待到最后一刻的幸福。若不幸遭受亏待，就换成你去善待这段合作关系的不愉快吧，展露大气也是一种锻炼。

> **职场求生法则**
>
> 谢谢对你好的人，更要谢谢对你不好的人，心存感激肯定能好聚好散。明天开始便能往更好的未来走去，能不感谢吗？

酝酿比"生涯规划"
更好的离职原因

我很喜欢《FIGARO》（费加罗）这本法国杂志，日文版尤其被我奉为生活形态的《圣经》。十多年前台湾地区曾发行过中文版，当时曾与我隶属于同一个出版集团，办公室在同一层楼。可惜上班第二个星期就听闻《FIGARO》中文版即将转手经营，不久后，隔壁果真人去楼空，我桌上放着最后一期杂志，封面的标题是"华丽的告别"。

多年后回想起停刊究竟与我何干，为何当时的我却把那次的别离给记住了。

停刊后，所有员工必须面临失业、换工作，现实跟精神层面得历经一次翻搅，是何等大事。直到今天我都忘不了，那些气定神闲说再见的时髦女子，如何倾尽全力做完最后一期杂志，再各自往不同的道路走去。

关于离职原因，我想谈的是心法，而非说再见的技巧。读过几篇 HR 专家的文章，对于求职信上的自传经历，他们的火眼金睛总有办法看出破绽，是否据实以告也曾困扰着我。后来我体会到，不如铺陈一个彼此都舒心的结局，而且越早越好。

> 既然每份工作都是终究要结束的故事，
> 就让过程精彩一点。
> 替自己拟订阶段性任务，
> 好在离开那天无论主动或被动，
> 都能怀抱无愧于人的释然，姿态优雅。

记起谈完离职那天我非常气愤，甚至连下班卡都没打，直接拿包走人。踏出公司，我突然不晓得可以去哪里，下午四五点应该是忙到没空理人的时候。拨了通电话给好友 L，L 说："你还好吗？这个时候打给我。"

倒抽一口气后，我决定轻描淡写："算了，还不就那些破事。我做到十月底，下星期一开始不用再去公司，我们再约。"

我们约好几天后见面，周五晚上林森北路的小居酒屋还挺吵的，他坐过来问我心情如何。

"一开始说好用一年时间把公司带上正轨就走人，已经比当时多半年了，可以了啦！"

"威廉，你长大了。"

"其实是这里太吵，我只能长话短说。"

被曾经苦心付出的公司狠狠甩开，换成谁都难以释怀，但我很快就得到平静。回想一开始谈这份工作时，所做的承诺其实都已经实现，原本就打算当成转职中继的。当初这家公司能给我管理层面的经验，有机会学习如何产出优质的网络内容，我才抱着练功的心态寻求合作。

第一年我如约将网站转型成功，第二年决定留任，但因公司的规模急速扩大，双方对运营策略开始产生意见分歧，差一点我就要拍桌子走人。不过，过去的事情都过去了，我开始把心思放在下一步，试着整理出一份更为丰富的简历，好寻求新的工作机会。

随着资历的增加，我慢慢对必然的分离感到平静。那种难分难舍又狂悲狂喜的告别派对，越到近期越是少见。有过几次戏剧化的离职场面，不管是自愿还是非自愿，每次都是情感的撕裂。可以的话，就让它简化成一封平淡如水的诚挚的告别信吧。

之后若有人问起离职原因，我总是淡淡地回答说阶段性任务已达成，再以在职时的绩效证明所言不假。**别把心力花在埋怨无缘的前公司，情绪就像墨色，就算再浓烈也要记得轻放。既然该停顿的时候避不掉，接下来画的这一笔就尽可能越淡越美，这才是面对新工作时应该展现的气度。**

谈到离职，我很喜欢"毕业"这个说法，虽然有点老派，但比起"个人生涯规划"更动听。从上班第一天就开始酝酿，设定好生命周期，每过一年就像续聘一次，在有限的时日里要达成哪些工作目标，而这些都将是你日后写进简历的实质性的成绩。为了不枉此行，就要自己有目标地努力，好让离职那天能够无憾，下一份工作也就可以无缝接轨。

> **职场求生法则**
>
> 只要清楚自己为何而来，下一站将前往何方，中间踏踏实实地铺陈，直到最后一天都拿出水准以上的表现，要成就一次华丽的告别就不是难事。下次，当别人问起离职原因，就能无愧于心地说："功成身退。"

Chapter 5

接下来的你要往哪走？

随着资历的加深，将有更多的工作机会可以选择。面临工作瓶颈或想转换跑道时，不妨先从兴趣着手，因为从兴趣延伸出来的工作，一定有办法越做越上手。

让眼前这份工作
成为最稳固的跳板

上了年纪之后,我喜欢赖在家里,哪也不去,甘心在温室里自然腐烂,唯一能让我开门的就是外卖。夜店把我抛弃了也好,没有恼人的头发残胶,也不会沾染上大街上一点灰尘跟烟味,忙到累了大可以缩回床上,只要网络没断,就算不出门也可以知道天下事、朋友事。

由于出门次数非常有限,能见见以前共同出生入死的派对战友总是特别开心。在朋友生日碰到 S,虽然不喜欢过问别人的私事,但只要够熟,我还是会打听对方现在做什么,看看能否多一些交集,尤其是工作上。记得上次听 S 说想要开店,我很好奇准备得如何,他淡淡地说:"还是在百货专柜,先骑驴找马吧。"

S 不算新人,退伍后能有份固定收入,下班后跟朋友喝一杯、吃点好的就已满足，是典型的享乐主义者。常去夜店开销太大，而没去参加聚会总有被遗弃的焦虑。七八千的月薪在台北生活很难，房租就占掉薪水的大半，剩下的撑不住每个礼拜的酒水钱，更别说还有助学贷款的还款压力。于是 S 考虑换工作，私下也找我商量过几次，想存一笔钱开家咖啡店。为此，我鼓励他先积累餐饮方面的经验。

距离上次讨论快过去一年了，他仍然在原地踏步，我忍不住回话："你这头驴骑得也太久了吧！"骑驴找马适合于时运不佳，没有更好的机会出现的时候。S 想应聘储备店长以学习经营，但一直都是基层销售人员，缺乏管理经验，没有公司录用再合理不过。前几个月猛投简历，都是石沉大海，渐渐失去动力后，他困缩在目前的职位郁郁寡欢，每到周末就更有喝醉的理由。

于是我建议他若是无处可去，就留在原来的职位努力爬上柜长积累经验，要不就直接转职到餐饮业从基层做起。反正现在也常领底薪，换工作重新开始，对 S 来说其实机会成本还好。对待朋友我向来直白，便直接点醒他。

> 找不到理想的工作，
> 不得其门而入，肯定有原因。
> 失志没有用，要有坚持的决心，
> 等待经验与能力具足，
> 才能往更好的地方稳稳地跳。

想要落实职业生涯规划，你得先盘点出现阶段缺乏的条件，不管是软件（心理素质、能力）还是硬件（技能、本钱和工具），都得设法在现有工作中一一积累。无法一次到位，就再来第二次、第三次。规划阶段性的转职，每次通关就能获得一些技能和宝物，等实力够了，成功自然不是难事。

创业不一定就是活路，要成为劳方或资方是个人选择，我自认没本事撑住庞大的资金流和风险，早早就打定主意要当工薪阶层。但薪资有高有低，我始终努力着提高收入，好来支撑我心目中理想的生活品质，这是我每天一早掀开棉被的动力。

既不是名校毕业也非绝顶聪明，职业生涯起步平凡无奇，若想在喜欢的领域追求封顶得靠巧劲。**开店也好，高**

薪也好，不管远近都是目标，目标会让我们每天的劳动都变得有意义。只要是真心渴求的未来，一旦怠慢就会自责，更别说虚掷光阴了。

刚走上社会时，我曾听过一种说法，前三年要不断尝试，从失败经验里找到方向。随着就业环境的改变，想要找到方向似乎得经历一段漫长的时光，何止三年，五年、十年转职都大有人在。看多了职业生涯居无定所的人，总是跟跟跄跄地从这一头滚到另一头，跳板不稳才会半途脚软，用大半辈子跌跌撞撞，换不到更好的工作，却换来一身伤。

想要避免职业生涯越尝试越茫然，在每段不甚理想的工作中就得经营好自己，积累往后用得到的资源。等到理想的机会到了，再一屁股坐稳。

> **职场求生法则**
>
> 每次听到有人说骑驴找马，我总会忍不住想反问，是找不到马所以骑驴；还是马不给骑，只能骑驴？不要让实力不足成为推托之词；找马之前，请先把这头驴骑好吧。

劳力比例太大的
工作不换也罢

大一暑假我在 KTV 打工，打卡之后的第一件事就是清理包厢。清扫大夜班留下的一整层楼，多达二十间的包厢，包括被呕吐物阻塞的洗手台。清理完包厢后就要到营业中的楼层报到，白天客人少，之后又是无止境的清洁，大理石桌面的接缝、沙发缝隙、椅背、门槛两侧的沟……印象很深的是某天中午，我跟另外一个兼职的学生在地下室的资源回收区，拿着钢刷和洗洁精，刷洗绿色的资源回收桶，洗完晾干，再把可回收的垃圾放回去。

我不怕辛苦，但怕一直都这么辛苦。

从前家里做木材加工，工厂里的木屑、粉尘何止飞扬，一忙起来每天都是雾霾，随便一擤都是茶色的鼻涕。父亲老是扯着嗓门在工厂里跑进跑出，肩膀顶着一部大哥大紧贴在耳旁，用半吼的音量谈生意。而他的手也没闲着，不忘把长型木料送进机台，还得用余光盯紧另一头的半成品是否偏离输送带，像个被输入多重指令的机器人，经常看得我惊心动魄。能到退休时十只手指仍然健全，全靠老天保佑。

我曾建议父亲采用更省力的做事方式，将时间花在经营管理上，出劳力的部分交给年轻员工。但老一辈白手起家的人作风保守，经历过全家下田帮忙的时期，做生意的观念是能省则省，包括人力成本。对于我不在家帮忙，执意要外出打工，他一直没吭声。高三那年我的成绩掉到了全班倒数第二名，怕我大学落榜他才出言禁止。合上成绩单后，他说："这种辛苦钱可以赚多久？"

被责骂的我情绪低落，当我发现父亲一直都有自觉，更是难过。与轰隆巨响长年共存的结果是听力受损，躺在家里看电视音量总是开得很大；腰椎软骨也因搬运货物姿势不良，禁不起磨损，这几年老喊着腰痛又不去看医生。上一代的劳动者，多少都背着职业伤害证明辛苦地活过一生，就算是机器人也早晚都会生锈。

我既不是含着金汤匙出生，也没有少奋斗三十年的姻缘，事实摆在眼前，社会上仅有少数人的成功可以不劳而获。既然身为多数人，**不如早点体认识到劳力是用来磨炼技能的，好把自己推到难以取代的位置。**

> 光有好手艺还不够，
> 同时具备管理能力才算真的出师。
> 靠单打独斗挣来的收入，
> 肯定没有引领团队来得可观。

想在下一份工作中得到理想的薪酬，比出力更好的方法是智取。换工作的时机是难题，稍有资历的人要懂得做好长远的打算。心理状态和体能会随着年龄改变，纵使青春再无敌，也终将逝去，拼不过一波又一波要钱不要命的长江后浪。然而，想要往上爬、工作越换越好可得靠技巧。

抛开不可抗拒的因素，每个人都有办法自行决定去留，但要尽可能避免同一水平的转职。新工作若是职位类似，内容与目前相去不远，我建议不妨先按兵不动。换个地方继续做同样的事,纵使薪水多一些,其实长远来看,对简历帮助不大。**除非新工作是业内口碑更好的公司,这段改变才有意义。**

成长过程中,我养成警觉,苦干实干到最后一定会有心无力。转职也是转机,要在职业生涯初期把专业能力的基础打稳。与其靠实力等待赏识,不如拿出上进心,抓到机会就尝试更多的可能,承担劳力以外的职责,不管带人或教人都本着专业。

职场求生法则

随着工作的深入,你将有更多工作机会可以选择。劳力比例应该逐年减少,别让汗水白流。这样,每一段职业生涯的辛苦才更有价值。靠脑袋、靠眼光的工作内容要慢慢加重,庸庸碌碌的工作不换也罢。职业生涯动辄数十年,光靠蛮力肯定没有办法走太远。

未必时候到了就当得了主管

换到第三份工作时,我已积累有五六年的资历。由于一直待在同一个产业,所以经验还算足够。当时很想挑战管理的职位,将简历投到几家杂志社想应聘主编,得到回应的全是小公司。由于小公司人员编制少,要应聘到高一点的职位其实不难。但光有抬头没用,工作内容仍然跟基层没太大差别,而我想磨炼的是实质的管理经验,想趁早拥有理想中的职业格局。

那是工作挑我而不是我挑工作的局面,不用想也知道是我的能力不够。有几个大型集团是我的心头好,好不容易进到面试关卡,最后顶多也只谈到基层的编辑职位而已,前面能否冠上"资深",对方说要看试用期的表现再做决定。

> 先求有再求好,必须先接受初阶职位,去一个公认的好环境证明自己。

果然大公司的做事风格就是不同，上班第一天，即被告知每个月有助理费可以申请，意思是我可以拥有一名兼职助理，名正言顺地请他帮忙。以往工作都是由同事支援，就算有助理和兼职的学生，多半也是整个部门共同使用，机动性地协助所有需要帮助的人，并没有特定受命于谁。

助理Ａ的名字被列在工作交接表上，备注着手机号码、邮箱和通信软件账号。前一位编辑对他赞赏有加，急着引荐我们认识。能有一个比我更熟悉公司状况的左右手，的确是好事。Ａ做事细心，能察觉到我的需求。但我一个人蛮干惯了，突然间不晓得该分哪些事给助理做，不好意思麻烦人就得麻烦自己。第二个月截稿的时候，总编辑发现我进度缓慢，随口问："有找Ａ来帮忙吗？ 你可以跟和你交接的编辑要他的联络方式。"

事后想来真是可惜，多数时间我只请他跑腿、买咖啡，做些基本的沟通联络，总觉得与其多打一通电话请他帮忙，很多事不如干脆自己做算了。**让助理沦为打杂、形同虚设，证明我的管理能力不足。**备受挫折的我打开人力银行中的简历，准备寻找新工作时，其中有一栏是直接管理人数，还记得当时的"一人"勾选得有点心虚。

我真正当上主管是在新媒体,恰好是脸书的全盛时期,活跃的社群入口带动网站流量,客户将大把大把的钞票往新媒体撒。试用期过后,我如愿成为策划部门的主管,接着转调编辑部并暂代社群主管,管控全媒体的内容产出。从资深编辑一路升上主编,名片也跟着换,当时的中文职称印着主编,英文却是 Chef-in-editor,总编辑。

正式升职的前一天,我跟老板说:"中文写主编就好,总编辑对我来说太沉重了。"

好的坏的,只要是网站跟社群平台上的公开内容,都得算在我头上。刚结束年假,一篇恶搞黄色小鸭的文章误用他人的作品,对方坚持要求赔偿。事发不到一周,撰文的编辑立刻提交辞呈。虽然理解腹背受敌的感觉确实很不好受,但我最终还是核准了他的离职申请。

事后我一肩全扛,台面上要处理网友的刷屏和不理性的言语攻击,同时还得自制简报,向全公司宣导网络著作权的观念;台面下忙着找律师咨询、进出法院,代表公司跟作者协商赔偿。纵使心力交瘁,但危机处理能力与责任担当,都是身为主管应该具备的,我理当慎重处理并视其为一次难得的磨炼机会。

经历侵权事件后,我确实成长不少。权力迷人,能在职场定人生死;指挥大局确实威风,紧跟在权力之后的是责任。工作只是参考依据,就算公司给了人手,却没办法创造更好的工作绩效,也是枉然。

资历深不一定代表格局够,比起一般同事,主管更像是职场里的成年人。成年人不仅要对自己负责,还得对整个体制负责。拥有高度的自主性,但相对的,也得承担自由意志所产生的后果,站在第一线挨炮火。行为造就格局,若只是喜欢掌控决定权却不想承担成败责任,碰到问题时没有解决问题的能力,而是下意识地逃避,像是时时需要看顾的孩子,还是比较适合被大人领导。

> **职场求生法则**
>
> 职位、权力与责任三位一体,想抓住转职时机往管理职位跳的人,更要仔细评估,是否具备充分的条件。未必时候到了就当得了主管,比权力更重要的是责任,这点必须非常清楚。

简历的厚度并不迷人，
精致度才是重点

高三上学期，我的书包里总塞着好几个牛皮纸袋，里面有一堆申请文件和书面证明，不同学校用不同的纸袋。我早早就选定传播与设计科系，在自主招生时，申请了两所学校。那半年过得异常充实，为了不用参加大考，我无所不用其极，没作品就创作，跟几个同学窝在美术教室里练画，画一张是一张。幸好我向来都热衷竞赛跟研习，拥有不少奖项证书，备审资料自然有厚厚的一沓，非常从容。

口试当天，我抱着一本装订粗糙的作品集和资料袋，上面用雄狮黑色记号笔写着科系名称和姓名，笔迹有点可爱。走到面试会场外的走廊，像极了马戏团后台，通过初审的学生们各自带着拿手绝活，签到处就是铺着红布的折叠桌。缴交资料时我瞄到几本精装书，很显然是竞争对手一生的回顾。

还来不及明目张胆地看，就听见有人大喊着借过，一辆堆满画框、立体模型的手推车正缓慢前进。教室门口，一位黑发女孩脸色苍白地抱着资料袋，下一个就轮到她。进门之前，家长快速递过一个黑色的 YAMAHA 小提箱，里面放着长笛。当时，我很确定自己申请的不是音乐系而是设计系，竟有人用乐器表演来为面试加分。相比之下，我的无所不用其极，还真的是小巫见大巫。

后来，我幸运地被两所学校同时录取，成功甩开大考压力，提前放暑假。外加当月中了两张二百元的发票，让我更加笃定，这一整年的幸运都扎扎实实地用掉了，无憾。那次的海选经验太深刻，往后一有面试场合，我总想用铺天盖地的经历跟作品集来增加安全感，就连转职也不例外，简历够厚才算实在。

在小型杂志社待了快两年，从人物、服装、钟表到专题通通一手包办，带着一沓超厚的作品放心离开。随后，花了几个晚上把曾经负责的杂志内页用美工刀细细裁下，放在资料夹里装订成作品，提着大包小包，准备去赴一个资深职位的面试。翻开活页册，每一页都是我的心路历程，流水账似的一发不可收拾。对方突然打断："威廉，每个项目挑一个最有代表性的讲就好，我等一下还有两个会要开，没办法听你一一细说。"

> 想证明自己努力，其实可以更有技巧。
> 面试高阶职位时，
> 公司看重的不会只有努力，
> 在专业领域的特殊成绩才是出线的关键。

抓重点是许多人欠缺的能力，经常看到同事超过二十页的简报只为表达一个结论。洋洋洒洒的过程描述，就像自助餐的廉价炸虾，剥开厚厚的面衣后才发现，整只虾就只有一支蜡笔大小。**工作表现是结果论，足以写进简报的一定要够特殊；做事不得要领也会反映在简历上，太冗长的心路历程没人有耐心听。**想追求精准，必须像射镖一样不断练习，力道、稳定度和视角缺一不可。

多亏面试失败的洗礼，我才明白，无法知己知彼，才会落得盲目追求报告的厚实感。前后交手过几个业界精英，以及经过猎头顾问的耳提面命,我才了解到,真正的高手的说话技巧是言简意赅。**将十年经历浓缩成十页简报,再用十分钟的时间让对方感受你的专业。前十分钟建立信任感,剩下的五十分钟最重要,不用赘述太多丰功伟绩,直接谈理念和实际操作技巧,让镖镖都命中红心。**

能通过初步筛选,对方多半已从简历中感受到了你的能力。进入面试程序是想印证彼此的期待,消除疑虑,借由面对面沟通来感受个人特质,从而判断能否胜任这份工作。面试时间有限,若把时间花在不得要点的流水账报告上,简直是浪费。外商大厂惯用的英文简历就是最好的规格佐证,单凭一张 A4 纸想厚也厚不了。如何让它看起来很有分量,追求精致度才是正经事。

> **职场求生法则**
>
> 虚耗时间不仅是面试者做简报时的通病,也是多数人的职业生涯状况。认真不等于精彩,为了摆脱平庸无味,每段职业生涯都得创造亮点。你的成就是别人所不拥有的特殊表现,才是一份简历应该有的内容。

资历不够，
太早吃回头草会被噎死

跟几位前同事约在一家老牌台菜餐厅吃饭，菜还没上，已经喝了几瓶啤酒，是 T 最爱的台湾的金牌啤酒。第一杯先敬好久不见，第二杯之后的随意是默契。成为自由职业者之后，我只能通过定期聚会来得知同事们的近况。离职越久，更新工作动态的时间越来越短，大家不想多聊公司的事，而是聊婚姻，聊小孩，聊最近遇到哪个很准的算命老师，聊哪家医美的肉毒比较纯……生活里任何微不足道的琐事，都要趁着这顿饭拼命地说出来。

我蛮喜欢从互助会转变为家长会的气氛，终于跳脱吐苦水的年纪，现在的我们都晓得重心应该拉回生活，不再开口闭口都是公司如何好如何坏。大家会聊幸不幸福，有没有一个可以依靠的对象，没讲几句就互相消遣。一个没防守好，话锋总会转到我身上，逼问我怎么这么久没谈恋爱，夜深人静要是觉得空虚寂寞冷，该怎么办？

很想请几位哥哥姐姐、叔叔阿姨、婶婶大舅妈少说几句，虽然我知道这是自己人才会有的关心。

此外，老同事也是最好的职业生涯的商议对象。如分享合作厂商的资讯，接任管理职位时有哪些做事技巧，想转调部门时该怎么谈，都能给出还算实用的建议。当偶尔需要智囊团讨论重要决定时，家长会便会再转场到研讨会，一个晚上就能讨教出各式创业心法。C聊到明年的计划，我们这才晓得前公司曾向他丢出一把回头草。

"老板找我回去上班，薪水跟职位都比现在的公司好。"

"你想回去吗？"

"我疯了才回去，又不是无路可走。"

一群平均年龄超三赶四的男男女女都有共识，除非走投无路，否则吃回头草这件事谁都不会做。评断职位的优劣，该不该去，光看薪水和职位太肤浅。

> 让工作技能扎实一点,
> 拥有专业能力是转职的基本筹码。
> 想要有更开阔的未来,
> 不该总是跟同一群人打交道。

  三十岁前,我的职业光谱很窄,怎么换都不离开杂志圈。曾有业界前辈找我去新创产业,犹豫好久最后还是推辞了。当时仍有媒体人的风骨与理念,想做出成绩再走,但所谓成绩,究竟是个人职业生涯的成绩,还是单纯成为资方的生产机器? 绩效是可以被数据化的产值,这一切直到我成为自由工作者,一只脚跨入其他领域后,才慢慢看透。

  听到带过的编辑 C 被前公司找回去并不意外,工作资历越浅越容易吃回头草,一方面是念旧,但能力有限是主要问题。一般来说,对于回锅我往往持反对意见,离职不到两年,前老板再度敲门通常是为了应急,就算条件更好、职位更高,无非是利诱手段。**短时间内,同一个体制不会有太多变化,就算组织变动、人员替换,但最重要的公司**

文化还是没变的话，既有问题能改善的程度就很有限。

那些决心不回头的人，无非想要未来有其他可能；哪天要是准备好了，吃回头草也不失为风光。

决定回去之前 C 来找我，说旧公司的薪资跟职位都给得很有诚意，赋予基层的管理权限，还有更多项目统筹的机会；而现在的公司限制较多，只能报道特定范围的内容，没办法让他做最感兴趣的网络节目，反而像个文字机器人。回去后的新职务，反而更贴近他理想的梦幻职业。

我问他："你准备好了吗？"为防止理想被无良老板消费，得有能耐创造全新格局。从离职到回锅的这段日子，C 的眼界肯定开阔了不少；能力是否成长到足以改善旧体制，是最需要在乎的事。

> **职场求生法则**
>
> 所谓太早，是彼此都还没准备好就贸然应急。离职时的问题如果仍然存在，再怎么努力都像挣扎，终究会重蹈覆辙，到时的挫折感只会更深。回头草并非不能吃，而是双方各自都得变得更好，重新点燃的火花才会更耀眼。

兴趣是转行时的
一条活路

应该是年纪到了，换工作的话题在我的同龄人中被讨论的次数渐渐变多。有些人在原来的领域找到新路；有些人则是心一横，选择到陌生环境闯荡。很显然，产业结构瞬息万变，催生就业市场快速淘汰的机制，让圈子里的人不再感到舒适。一直守在原来的位置形同坐以待毙，这是这一代年轻人被迫接受的共识。

编辑这份工作我坚持了好久，中途也跪过、被打趴过，就像所有读过的励志书教会我的不灰心，拍拍灰尘赶紧站起来冲。因为对时尚媒体产业满怀热情，好不容易等到机会往高处一站，我举目四望，发现风景并非书上写的那样迷人。我能趁工作之便见到仰慕已久的名人，受品牌邀请到境外看时装秀，抢在所有消费者之前看到最新商品；握着版面报道的主导权偶尔跋扈，要一些不成气候的小任性。

但是，我问自己，"梦想这条路终究是走上了，然后呢？"

职业生涯能有新格局，得感谢上个老板把我扔出门外。成不成功现阶段还无法断定，但至少能撑起自己理想的生活，偶尔享受一些低调但价格不菲的东西；嘴馋的时候能放肆，没把自己给饿着就算好日子。无业超过两年，我从来没有过那么长的时间没有正式工作，最多半年就夹着尾巴滚回职场，灰头土脸。

不想再走回头路，是这段时间支撑我的力量。做什么都好，就是别再做一样的事。我抱着自废武功的决心跨领域转职，若老想着大不了再跳回原来的产业，通常撑不过一年，又会过着跟离开前几乎雷同的人生。**心理上必须先有觉悟，一定会有高不成低不就的尴尬期，薪水不如预期，位置也没之前舒服。**

那就起身再找更好的风景，是热情消失殆尽后的第一个念头。

工作久了，总会听到内心的声音说"差不多了"，在原来的领域找不到成就感、日复一日的呆板节奏，会让人萌生转行的念头，我也不例外。斟酌许久后，我决定换一个没那么擅长的工作，又不背离兴趣。当时离开媒体业的我，最想尝试广告销售，但没有一家公司愿意以资深的薪资条件雇用我。既然进不了体制，不如先从打零工做起，在场边捡球当练习，看准时机再加入球队。调整好心态，再来求技巧。

我向来不喜欢靠关系找工作，没有实力的人情交换只能是一次性的。好不容易搭上线，推销自己的机会绝不能错过。与客户见面一定要有备而去，我从学生时期就特别关注网络趋势，一直都是重度网络使用者。靠着对新媒体广告生态的了解，以及生产文字与影像的能力；加上做过功课，研究客户的竞品与商品特性，我总算在没有直接经验的情况下，接到生平第一个网络广告项目。

" 别因工作忙碌而牺牲兴趣，
　兴趣会是你转行的一条活路。"

好友 W 是当年的学霸，台大外文系毕业考取台大新闻系研究生榜首，毕业后顺利进入新闻台担任国际新闻编译，工作时常要配合外电的时差，日夜颠倒。好几次上班途中碰到他，他刚下班，走出办公室一脸疲态。一直以为他有高学历、高颜值，又有拼劲，肯定能一路高升，直到我偶然问起椎间盘突出的治疗方法，才知道他早就离开新闻台，成了瑜伽老师，偶尔接一接外文小说的翻译，日子过得清闲。

时常看到他在脸书分享瑜伽练习心得，定期前往印度受训，会有这般转折要说意外也不意外。一开始他也担心生活艰难，但一想到回电视台也只是领死薪水，被工作不断压榨，就更有勇气向前；现在的生活模式他很满意。每当我烦恼工作与成就，怕自己年纪一大把还一事无成，他总会安抚我说："不用这么认真，开心比较重要啦。"转换跑道后的他，心境确实开阔很多。

"找会做的人，不如找肯做的人。"有这种用人心态的公司不少。要证明自己足以胜任新工作有两条路，**一是靠作品跟经历，稳扎稳打；二是选择捷径，适不适合全靠**

个人特质，特质则是随兴趣积累而来。可以通过经营喜欢的事来作为简历的补充说明，跨领域转职难度较高，而网络是可以好好善用的平台。心态若调适得好，对产业状况有一定程度的了解，拥有基本技能，即使没有相关经验和专业素养，也能大幅提升被录用的概率，转行就不是太难的事。

> **职场求生法则**
>
> 对于职业生涯规划，要尽量避免过于单一。可趁工作之余培养第二甚至第三专长，多向经营自己。即使哪天需要转行，换到一个没那么擅长的领域，阵痛期也不至于太长。

空降部队也有试用期，
别一到新环境就宣战

想融入新环境就必须主动。从台南到台北求学，我在陌生的城市里，一边忍受孤独一边成长。就算没饭可吃，还是想追求理想，活着的每一天都不敢松懈，只求让双脚快快长根，浅浅的也无所谓。算算已有十六年，大半时间我都在适应城市的陌生，好不容易随手抓了几块土当作归属，城市再大我都得想办法站稳、站直。

对新环境的种种不适，可以用浪漫的心态积极治疗。职场上初来乍到，若是时常姿态太过强硬，就会让场面变得尴尬，新旧互斥的结果不是你死就是我亡。职位差不多的同事往往较能以同理心对待，若遇到一拍即合的伙伴，便巴不得把他吸收成自己人。

换作主管就没那么容易了，卡住旧势力的升迁机会不说，被高层找来的空降部队注定不讨喜。之所以会有这个人出现，就是因为现有团队里没有人符合要求。这点要先认清，新官挟着三把火从天而降，为人部属若不顺从肯定吃亏。

不论是新主管抑或新同事，大家都是先后来到同一个环境打拼的人，对待生面孔要有接纳的胸襟。除老板以外，你我都是异乡人，公司不是家，不需要凡事加注所有格。**没有谁是新的或是旧的，只有好的和坏的；留或不可留，能力才是淘汰法则，不管哪个位置都是。**

> 一开始就宣战是不智之举，
> 别把时间花在无谓的斗争上。
> 就算是空降也有试用期，
> 在你适应环境的同时，环境也在适应你。

新同事到任第一天跟大伙儿自我介绍："我是新来的主编Y，公司请我来管理你们。"这句话听来刺耳之余，更令人摸不着头绪。向来大家习惯的工作模式是直接对老板报告，无预警地多了一位新主管，几个同事在群里七嘴八舌，人心浮动。最资深的业务前辈要我们冷静，无关善恶，先把自己该做的事情做好，释放出善意并花点时间磨合。到了第二个月，新主编还是没办法掌握部门的状况，几次大型会议都搞不清楚状况，很快就被公司约谈，不久便离职了。**未必握有权力就能稳操胜算，跟现有团队合不来的结果就是另谋高就。**

没过多久，另一位头衔更大的人物出现，这位新来的总编辑显得老谋深算，早已备妥自己的人马等着攻城。有过前车之鉴，部门里的同事仍以不变应万变，各做各的事，不因为谁来谁去而影响自己的工作表现。没料到对方跟老板抱怨现有的团队不配合，无法共事。听到风声，我们一群老同事立刻拟定对策，为了全力拉下新主管，里应外合，无所不用其极。故意不配合想要架空新主管，无奈却一个一个地被踢走，并换上他介绍进来的人，直到整批人全被换掉。

职场上切记收起天真，要有察觉主流势力的敏感度，最健康的心态是把空降部队视为援军。**位置在上就积极融入，位置在下就尽力配合；若想保住饭碗就得创造双赢，收起所有排外的攻击性策略，寻求整合。**把脑筋动在该如何适应彼此上,确保未来在工作上能合作无间,让彼此成为自己人。切记别给老板制造问题,拼命告状可没有半点好处。

任何妨碍公司运作的阻力,最后多会"被消失",不论所处的位置是高是低。

若能放下成见以团队为重,无论谁上任都不改积极的态度,稳定交出好成绩以成为最佳助攻,相信不久的未来,一定会被划进信任圈,被新主管倚重。等到哪天有足够的能力,也被"挖角"成为别人的空降部队时,可别带着旧思维去新环境,没人喜欢听你老是嚷嚷前公司、前同事有多上道。为求尽快融入团队,**先把自己恢复原厂设定。不预设任何立场,海纳变化,才有办法长久生存。有气度的人其格局肯定不会小,工作也肯定能越换越好。**

职场求生法则

想要适应职场新环境,记得先将一切归零。不论是对待新环境还是新同事,都要有能包容各种差异的格局与气度。收起攻击策略,才是到哪里都受用的生存法则。

碰上挖角，
请先停、看、听

工作到第九年，我收到一封猎头顾问寄来的推荐信。某新闻媒体集团想找高阶主管，负责网站的内容规划和运营，隔年计划成立新平台专做高端时尚，商务人士跟各界精英是他们想经营的读者。七位数的年薪太诱人，恰好又跟自己的志向不谋而合。我原本打定主意想要离开媒体业，但面对金钱跟理想的双重攻势，不动摇还真说不过去。

思考后，我决定进一步沟通细节，同时向业界朋友打听是否为地雷职位。听到的评价普遍不错，让我的精神为之一振。纵使一路跌跌撞撞，总算在工作的第九年亲身感受到何谓挖角，也算是莫大的肯定。我花了几个晚上做完一份得体的简报，把被告白的情绪收拾完毕，事先用加班时数换假。严格来说，虽然不算敬业，但这场面试必须采取无痕模式，不管结果如何，都要处理得像没发生过一样。

星期五下午依约前去面试，地点在我熟悉的内湖媒体园区，依照流程在会议室等待面试官。由于事前做了功课，看过几篇专栏，对她印象不错，有几个观点挺有趣，叙事条理是我很喜欢的学霸口气。果真一走进门，是位气质学姐型的女性，几分钟内就聊得很投机，有好长一段时间都在交换彼此对工作的热情。

见气氛热络，她把话题绕回我现在的工作，关心我为何想离职，并进一步询问我公司的人力配置、获利模式和广告售价。快半拍的太极打得很累，当她问到后台的流量数据时，我再也含糊不下去了，便直截了当地说："我现在还没离职，而这些问题太敏感，算是商业机密；碍于职业道德，请谅解我无法回答。"

室温瞬间低了三度，我婉转地切入对方所提供的职位内容，应该是很好的台阶。她听完后，简单地说希望我能带着业界资源与专业，独立撑起全新的网络平台，技术方面会有专人负责，草创初期也有一位直接管理的编辑。想问的事情都问得差不多了，基于相谈甚欢的融洽气氛，我忍不住卸下心防，实话实说。

我从产业现状、精英读者的阅读习惯来推断难行之处，经营时尚媒体我虽还称不上专家，但有许多实战经验可供面试公司参考。是否要修正职位内容跟新平台经营的配套策略，我选择点到为止。**拿出乐于合作的积极态度，是给自己留条后路**。将近两个小时的面试后，对方希望我在一周内拿出初步的运营规划，还有一整年的绩效指标和成本。

对我来说，这场面试是从媒体变为自媒体的黄金转折点，特别是心理层面的纠结。同样是规划新事业，究竟要选择换一个职场展现能力，打造全新的线上阅读平台；还是把做大事的心力放在自己身上？ 犹疑不决到最后，我决定先写一封信表达感谢，说明自己还拿不定主意要如何迈出下一步，为免耽误对方的进程，不得不放弃第二阶段的面试，因为我有一趟迟来的"Gap Year"必须要先走完。

那是我职业生涯中最接近梦想的时刻，可惜光彩终究没有到来。

面对工作，我绝对不是人为财死的一派，至少到那个时候都是。努力得越久，就越在乎所做的决定是否偏离理想；能被挖角，绝对是自身能力获得肯定的证明。

> 在这之前，请先积累在业界的良好口碑。
> 别被虚荣冲昏头脑，
> 判断时机是否成熟，就算对方重金邀请，
> 也得刚好是该走的时候。

够理性就能守住节操，就猎头的行情来看，年薪不到三十万的职位顶多算介绍工作。钱再多、职位再高，切记都不要喜形于色，要有历练风霜的大气格局。**对方公司一旦抛出橄榄枝，动作再细微都得本着优雅的原则。尤其同业跳槽的风声传得很快，请随时做好被开除的准备，危机感会让人步步为营。**所有推测都不及实际面对面了解过后，再倾听内心的声音，分析出利弊再做决定。

几个月后，我绕完地球大半圈终于有了答案，旅途中收到陌生号码发来的短信，是当时面试我的气质学姐："想

请问你目前的想法是什么？我朋友的公司在找首席运营官，主要工作是监督流量。记得你说过不是很喜欢只看流量的工作模式，但还是想问问你有没有兴趣跟他聊聊。这是我的 Line，方便的话，我们再详聊，感谢！"

同事没当成，感觉多了一个朋友，真不错。

> **职场求生法则**
>
> 工作遇上挖角，请记得先静下心来思考时机是否成熟，若利大于弊，再考虑如何优雅地下台。

别轻易答应跟朋友合伙

几天前,大学同学在脸书分享一篇文章,主图拼了两张照片,很多学生枕着外套索性睡在地上;另一张是反坐在课桌椅上,一颗头悬在椅背上,分不清楚是挂着还是挂了。题目写着"美术、设计系学生都这样睡觉",我立刻点了爱心,怀念起学生时代总是有做不完的作业及睡不够的觉。

哦,还有吵不完的架。

大学四年经历无数次分组,和同组的同学们得用整个学期来完成共同作业,撕破脸的力道最大。当时不过二十岁的我们,心智还没成熟到能够沟通与包容,一吵就是势不两立。吵架有好有坏,确实也在不断合作的过程中找到"铁咖"。铁咖是击不垮的桩脚,非常稀有、珍贵。习气会让某些人渐渐聚集,到哪都黏在一起。而分组就像油水分离，搅和久了，自然就分为两层。

升入大四开始做毕业设计，聪明人都晓得别跟好朋友一组。好不容易撑到最后一年，不想冒绝交的风险，转而寻求互补。就像组队打怪一样，以距离美感为前提，找能跟自己配合的组员，最好是各怀本事。最后我决定自己一组。多亏经历过学生时代的分组文化，让我对于组织运作有了初步的体认，喜欢哪种工作模式，多次分合过后，心里自然就会有数。

通常拆伙的原因是计较谁付出得多，谁又做得少。这辈子听过抱怨不下千百次的"他都不做事"，不是不做事，而是对于工作分量的多寡，每个人有不同的评断标准；若真要计较起来，肯定计较不完。**选择合伙就得先学会包容，摸清楚对方在意的是情还是钱，自己求的又是什么，再做选择。**

重感情的人像水，重好处的人像油。合伙对象的属性相同，就能各自安好，放在一个锅里，经高温加热，能把食物煮到软烂、炸到金黄酥脆；但若是摆在一起油水不容，大火一烧肯定爆炸，各自灰飞烟灭。感情容易误事，往往一头热，会让两个做事理念相斥的人，误以为可以共生共存，合伙结果却是以悲剧收场。

"不如你来我的公司帮我吧！"听到这类的邀约我总会心头一震，一开始谈得火热，最后撕破脸的大有人在。"帮忙"这个词天生自带气度，顶多负起道义上的责任，做起事来潇洒得很，况且帮得上忙也是对自己的肯定。**短期的帮忙算是合作，前提是互相信任。共同完成一件事对彼此关系的磨损没那么高，时间一到就结束，相对而言杀伤力也没那么大；但合伙可就没那么单纯了。**

> 帮朋友的忙可以，
> 但要先谈好是合作，还是合伙。

习惯去的发廊是老友 D 的心血，创业初期他找了同为发型师的 K 到店里工作。没多久，便听到 K 离职，转到别的发廊工作。详细原因我其实没兴趣知道，但子弹在飞，不是想躲就躲得了。辗转得知 K 是不满业绩分红制度，导致这段关系最后以理念不合收场，后续发展我不敢看也不敢问。

谈到合伙，我向来都谨慎以对。投资分股、创业、到朋友公司上班都算合伙，在同一个体制为同一个目标努力，只要牵扯到利益成效，纵使情感再牢固也禁不起复杂化。**帮不上忙的遗憾不过几分钟，合作的最差结果只是不再合作；但合伙的尽头是拆伙，杀伤力很大，并非一般人能承受得起的。**

有把握合作得久，再谈合伙。

既然合久必分，自然也有分久必合。但人生能有多少机会，可以等待分合循环到最后，变成彼此释然的快乐结局？ 职场是利益导向，一旦扯上钱的问题，凡是正常人都不可能做到无私不计较；非亲非故的，更没有百般包容的必要。就算是以血缘维系的家族企业，多数成功的案例也都是各自为政。

旁观者清，能适时出手救援的姿态永远最潇洒。走上社会后，能留住的人际关系都很珍贵，不像学生时期的群体组成是被动的；当人际关系的建立变得主动，想要经营一个能够信赖的好朋友，只靠一时的契合还不够，时常得花上大半辈子反复考验。

我一碰到感情，就变成了易碎品，因此，不和朋友牵扯利益是我的原则。合作比合伙容易，和朋友合伙到最后，感情越磨越坚固的例子实在寥寥可数。

> **职场求生法则**
>
> 把丑话讲在前头，与朋友理想的合伙是采取项目配合的方式，阶段性任务完成就离开。不将彼此绑成命运共同体，包袱自然就没那么重。以人情为引子，不伤感情谈钱的方法就是以经商的立场谈问题，立场守得越死就越安全。

图书在版编目(CIP)数据

最后下班的人先离职 / 威廉著. -- 北京：中国致公出版社, 2020

ISBN 978-7-5145-1428-5

Ⅰ.①最… Ⅱ.①威… Ⅲ.①成功心理－通俗读物 Ⅳ.①B848.4-49

中国版本图书馆CIP数据核字(2019)第154919号

著作权合同登记 图字：01-2020-1222号

中文简体版通过成都天鸢文化传播有限公司代理，经精诚资讯股份有限公司悦知文化授予北京紫图图书有限公司独家发行。非经书面同意，不得以任何形式，任意重制转载。本著作限于中国大陆地区发行。

最后下班的人先离职 / 威廉 著

出　　版	中国致公出版社
	(北京市朝阳区八里庄西里100号住邦2000大厦1号楼西区21层)
发　　行	中国致公出版社（010-66121708）
责任编辑	方　莹　李　舟
特约编辑	曹莉丽　孙　建
装帧设计	紫图装帧
印　　刷	天津中印联印务有限公司
版　　次	2020年5月第1版
印　　次	2020年5月第1次印刷
开　　本	880毫米×1230毫米　1/32
印　　张	8.25
字　　数	125千字
书　　号	ISBN 978-7-5145-1428-5
定　　价	49.90元

（版权所有，违者必究，举报电话：010-82259658）
（如发现印装质量问题，请寄本公司调换，电话：010-82259658）